ARTHUR SCHNITZLER

VALLJA
REIGEN

Komedi në dhjetë dialogë

Shqipëroi Loreta Schillock

RL BOOKS
2021

VALLJA - REIGEN
Titulli i origjinalit: Reigen
Autori: *Arthur Schnitzler*

Shqipëruar nga Loreta Schillock
Redaktor Dritan Kiçi

ISBN 978-9928-324-22-1

© RL Books zotëron gjithë të drejtat
e e këtij botimi, dhënë nga autorët
dhe mbajtësit e së drejtës.
Ndalohet ribotimi apo vënia në skenë,
në çdo version, të plotë apo të pjesshëm
pa lejen e cilësuar
të mbajtësit të së drejtës.

https://www.rlbooks.eu
admin@rlbooks.eu

Bruksel, dhjetor 2021

PARATHËNIE

"Vallja" (Reigen - në origjinalin gjermanisht) është një nga veprat më të famshme provokative me temë sensuale. Arthur Schnitzler e shkroi në vitin 1897 dhe brenda çerekut të parë të shekullit të njëzetë u përkthye thuajse në të gjitha gjuhët e mëdha të botës.

Drama shfaq moralin seksual dhe ideologjinë klasore të kohës, përmes takimeve të njëpasnjëshme erotike mes të personazheve, që shfaqen para ose pas një takimi seksual. Me personazhe nga të gjitha nivelet e shoqërisë, drama ofron një pasqyrë të vërtetë sociale, ku kontakti seksual i kalon kufijtë e klasës. E botuar fillimisht privatisht, në vitin 1900, vepra u vu në skenë për herë të parë në vitin 1920 dhe shkaktoi skandal dhe reagime të forta. Dy titujt e shfaqjes: "Reigen" në gjermanisht dhe "La Ronde" në frëngjisht, i referohen një valleje rreth e qark, që gjendet në thuajse gjithë popujt evropianë.

Drama u shtyp për herë të parë në veç 200 kopje, që u shpërndanë dorazi mes miqsh. Në vitin 1903, botimi i parë publik në gjuhën gjermane doli në Vjenë dhe shiti rreth 40,000 kopje. Skandali që pasoi, solli censurimin dhe ndalimin një vit më vonë. Më 1908-n u ribotua me mundim në Gjermani dhe më 1912-n u përkthye në frëngjisht, më 1920-n në anglisht dhe më 1923-shin në holandisht.

Drama u shfaq për herë të parë në teatër më 23 dhjetor 1920, në Berlin, dhe më 1 shkurt 1921 në Vjenë. Një prodhim i paautorizuar ish vënë në skenë më herët në Budapest, më 1912-n. Shfaqja shkaktoi reagime të dhunshme, shpeshherë masive. Schnitzler u sulmua moralisht e fizikisht në një fushatë tipike antisemite. Shtypi i kohës e konsideronte një pornograf hebre dhe protesta ndaj veprës u njoh si "skandali Reigen".

Megjithatë, drama u pëlqye gjerësisht dhe nuk e humbi publikun, sidomos në Rusi, Çekosllovaki dhe veçanërisht në Francë, ku u përshtat dy herë për kinemanë, në vitin 1950 dhe 1964. Më 1982-shin, pesëdhjetë vjet pas vdekjes së Arthur Schnitzler, djali i tij, Heinrich Schnitzler, autorizoi shfaqen e dramës në gjuhën gjermane.

Në vitin 1922, psikologu i madh, Frojdi, i shkruante autorit me elozhe e vlerësime tepër të larta.

Shfaqja zhvillohet në vitet 1890 në Vjenë. Struktura dramatike përbëhet nga dhjetë skena të ndërlidhura midis çifteve të të dashuruarve apo predatorëve seksualë. Secili nga dhjetë personazhet shfaqet në dy skena të njëpasnjëshme, ku skena e fundit sheh Laviren që është dhe në të parën, duke mbyllur kështu "vallen".

Ky botim vjen i shqipëruar me aq delikatesë nga Loreta Schillock dhe redaktim nga Dritan Kiçi.

RL Books

2021

SKENAT

DIALOGU I PARË
LAVIRJA DHE USHTARI 7

DIALOGU I DYTË
USHTARI DHE SHËRBËTORJA 12

DIALOGU I TRETË
SHËRBËTORJA DHE ZOTËRIA I RI 20

DIALOGU KATËRT
DJALOSHI DHE ZONJËZA 26

DIALOGU I PESTË
ZONJËZA DHE BASHKËSHORTI 46

DIALOGU I GJASHTË
BASHKËSHORTI DHE ZONJUSHA 57

DIALOGU I SHTATË
ZONJUSHA DHE POETI 76

DIALOGU I TETË
POETI DHE AKTORJA 89

DIALOGU I NËNTË
AKTORJA DHE KONTI 102

DIALOGU I DHJETË
KONTI DHE LAVIRJA 116

PERSONAZHET

Lavirja

Ushtari

Shërbëtorja

Zotëria i ri

Zonjëza

Bashkëshorti

Zonjusha

Poeti

Aktorja

Konti

DIALOGU I PARË

LAVIRJA DHE USHTARI

(Natën vonë. Në Augartenbrücke[1].)

USHTARI
(Vjen duke fishkëllyer, po shkon në shtëpi.)

LAVIRJA
Ej, engjëlli im i bukur.

USHTARI
Kthehet dhe vazhdon rrugën.

LAVIRJA
Nuk dëshiron të vish me mua?

USHTARI
Eh, unë qenkam engjëll i bukur!?

LAVIRJA
Natyrisht, kush tjetër? Eja tani me mua. Banoj këtu fare afër.

USHTARI
S'kam kohë. Duhet të kthehem në kazermë!

LAVIRJA
Mos u shqetëso, se do arrish në kohë në kazermë. Pastaj, tek unë është më mirë.

USHTARI
(I afrohet) Ndoshta është vërtet!

LAVIRJA
Shtt! Mund të kalojë roja në çdo moment.

USHTARI
Qesharake! Roja! Pastaj, edhe unë kam bajonetë!

LAVIRJA
Hë tani, eja me mua!

USHTAR

---
1. Urë direkte në kanalin e Danubit në Vjenë.

Më lër rehat moj!... Para s'kam e s'kam.

LAVIRJA
Nuk dua para nga ti.

USHTARI
(Ndalon. Ndodhen nën një fener rruge.) S'do para? E çfarë prostitute je ti kështu?

LAVIRJA
Më paguajnë civilët. Djemtë si ti e kanë përherë falas nga unë.

USHTARI
Ti duhet të jesh ajo që më ka rrëfyer edhe Huberi.

LAVIRJA
Nuk njoh ndonjë Huber.

USHTARI
Patjetër që ti do jesh. A e di, nga kafeneja në *Schiffgasse*[2] e more njëherë në shtëpi.

LAVIRJA
Nga ajo kafene kam shkuar në shtëpi me sa e sa...

USHTARI
Mirë pra, shkojmë tani.

LAVIRJA
Çfarë? A, tani e paske me ngut?

USHTARI
Epo, ç'do presim më? Më dhjetë më duhet të jem në kazermë.

LAVIRJA
Sa kohë ke që shërben?

USHTARI
E ç'të intereson kjo? E ke larg shtëpinë?

LAVIRJA
Dhjetë minuta në këmbë.

---

2. *Rrugë në rajonin e dytë të kamur të Vjenës, ku ushtrohej gjerësisht prostitucioni.*

USHTARI
Tepër larg për mua! Më jep një puthje.

LAVIRJA
(E puth.) Puthjen e kam më të mirë, nëse më pëlqen dikush!

USHTARI
Unë jo! S'vij dot me ty; tepër larg për mua.

LAVIRJA
E di ç'ke ti: eja nesër pasdite.

USHTARI
Epo mirë. Ma jep adresën.

LAVIRJA
Por, se mos nuk vjen, ëëë!

USHTARI
Kur të them se...!

LAVIRJA
E di ç'ke ti; po qe se shtëpia ime është larg për sonte; po atje... atje... *(Tregon Danubin.)*

USHTARI
Çfarë ka atje?

LAVIRJA
Atje është shumë qetë... S'kalon këmbë njeriu!

USHTARI
Kjo s'më duket shumë për së mbari.

LAVIRJA
Tek unë vetëm të mirën do gjesh. Eja tani, rri me mua sot! Kush e di, a do jemi gjallë nesër!

USHTARI
Mirë pra, por shpejto pak!

LAVIRJA
Hap sytë se është errësirë. Nëse rrëshqet, përfundon në Danub.

USHTARI
Ndoshta do ish më mirë ashtu...

LAVIRJA
Sh...sh... vetëm duro dhe pakëz. Për pak arrijmë te një stol.

USHTARI
E njohke mirë vendin!

LAVIRJA
Një si ti dua të kem për të dashur.

USHTARI
Do ziheshim shumë?!

LAVIRJA
Do të ta prisja atë zakon shpejt.

USHTARI
Hëëë...

LAVIRJA
Mos e ngri zërin! Ndonjëherë kuturis ndonjë roje përreth. Të besohet që jemi në mes të Vjenës?

USHTARI
Eja këtu tani... eja!

LAVIRJA
Po ç'flet more? A je në vete? Nëse rrëshqasim, përfundojmë tatëpjetë në ujë.

USHTARI
(E mbërthen.) Ah, ti...

LAVIRJA
Vetëm mbamë fort.

USHTARI
Mos ki frikë...

LAVIRJA
Do kish qenë më mirë mbi stol.

USHTARI
Ku? Këtu, apo atje...? Çohu, rregullohu tani!

LAVIRJA
Ç'të nxiton?!

USHTARI
Duhet të kthehem në kazermë; madje jam shumë vonë.

LAVIRJA
Mirë, por si të quajnë?

USHTARI
E ç'të intereson se si quhem?

LAVIRJA
Mua më quajnë Leokadia.

USHTARI
Çfarë? S'më kanë zënë veshët kurrë emër si ky.

LAVIRJA
Dëgjo!

USHTARI
Hë de, ç'do?

LAVIRJA
Epo, të paktën më jep një *Sechserl*[3] për kujdestarin e banesës!

USHTARI
Vërtet beson se mund të më shfrytëzosh? Tungjatjeta Leokadia...

LAVIRJA
Rrufjan! Mashtrues!

(Ushtari ikën.)

---

3. Një e gjashta e Gulden, e monedhës së florinjtë.

DIALOGU I DYTË

USHTARI DHE SHËRBËTORJA

Prater.[4] *E diel në mbrëmje. Një shteg që të sjell nga Wurstelprater*[5] *në rrugicat e errëta. Dëgjohet ende muzika marramendëse nga Wurstelprater, si dhe tingujt e Fünfkreuzertanz*[6]*, një Polka*[7] *e rëndomtë, e luajtur nga instrumente frymorë.*

Ushtari. Shërbëtorja.

SHËRBËTORJA
Tani më thoni: pse donit të largoheshit?

USHTARI
(Buzëqesh me siklet, si i zënë në faj.)

SHËRBËTORJA
Oh, ishte aq bukur! Sa më pëlqen të kërcej.

USHTARI
(E mbërthen për beli.)

SHËRBËTORJA
(E lejon) S'po kërcejmë më tani! Pse më shtrëngoni kaq fort?

USHTARI
Si quheni? Kati?

---

4. *Prater është një zonë e gjerë, afërsisht 6 km², kryesisht publike, në rajonin e dytë të Vjenës, të quajur Leopoldstadt. Kur njerëzit flasin për Prater jashtë Vjenës, shpesh i referohen vetëm parkut të famshëm të lojërave në Prater, që quhet Wurstelprater.*
5. *Wurstelprater është parku i njohur kombëtar i dëfrimeve në Vjenë, shpesh i quajtur thjesht Prater.*
6. *Fünfkreuzertanz është një valle me pesë kryqëzorë, një argëtim i çthurur, i kërcyer në tavernat e periferisë vjeneze dhe veçanërisht në Prater. Pagueshin 5 kreuzer për person (ose për çift) për secilin vallëzim. Shumica e të ftuarve ishin ushtarë dhe shërbëtore nga vendet e Perandorisë Austro-Hungareze.*
7. *Polka është një vallëzim i rrumbullakët me vrull.*

SHËRBËTORJA
Një Kati e paskeni të ngulur në mendje!

USHTARI
E di, e di... Marie.

SHËRBËTORJA
Është errësirë këtu. Kaq frikë!

USHTARI
Kur jeni me mua, s'keni pse frikësoheni. Falë Zotit, kurrgjë s'mund të na bëjnë!

SHËRBËTORJA
Mirë, por ku po shkojmë? Këtej s'ka këmbë njeriu. Ejani kthehemi! U err!

USHTARI
(Thith puron Virginier derisa prushi ndriçon.) Siç e sheh, po zbardhet! Ah, moj shpirt!

SHËRBËTORJA
Oh, ç'po bëni aty? Ah sikur ta dija para se...!

USHTARI
Epo, djalli ma marrtë shpirtin nëse dikush tjetër ka qenë më e butë dhe më e kolme se ju sot në *Swoboda*[8], zonjusha Marie.

SHËRBËTORJA
Kështu i keni ngjëruar edhe të tjerat besoj?

USHTARI
Eh, kur vallëzon... vëren plot gjëra. Mëson shumë!

SHËRBËTORJA
Por me atë bionden me sy të shtrembër vallëzuat më gjatë se me mua, ama.

USHTARI
Ajo është një mike e vjetër e një shokut tim.

SHËRBËTORJA
E tetarit me mustaqe të përdredhura?

---

8. *Lokal kërcimi në Prater.*

USHTARI
Ah jo, jo, e atij civilit, nëse ju kujtohet, ai që në fillim qe në tryezë me mua, me zë të ngjirur.

SHËRBËTORJA
Ah, tani mu kujtua. Ai është njeri i pacipë.

USHTARI
Ju bëri ndonjë gjë? Ia tregoj unë qejfin! Çfarë ju bëri?

SHËRBËTORJA
Oh, asgjë! Veç vura re se si sillet me të tjerat.

USHTARI
Më thoni, zonjusha Marie...

SHËRBËTORJA
Do më digjni me puron!

USHTARI
Ndjesë, zonjushë! Apo mund të flasim me "ti"?

SHËRBËTORJA
Ende nuk jemi aq miq të ngushtë sa...

USHTARI
Ka shumë nga ata, që nuk e durojnë dot njëri-tjetrin e megjithatë flasin me "ti".

SHËRBËTORJA
Herës tjetër, kur ne... Por, zoti Franz!

USHTARI
Oh, ma mbajtët mend emrin?

SHËRBËTORJA
Oh, Franz...

USHTARI
Ashtu pra, më thërrisni Franz, zonjusha Marie.

SHËRBËTORJA
Hm, mos u bëni kaq i pacipë, shsh... tani, se mos na vjen dikush!

USHTARI
Edhe po të vinte dikush, as dy hapa larg nuk sheh dot.

SHËRBËTORJA
Për hir të Zotit, ku po shkojmë?

USHTARI
E shihni? Atje janë dy të tjerë, tamam si ne.

SHËRBËTORJA
Ku? Nuk shoh gjë.

USHTARI
Atje... para nesh.

SHËRBËTORJA
Po pse thoni: dy si ne?

USHTARI
Epo, dua të them, edhe ata e pëlqejnë njëri-tjetrin.

SHËRBËTORJA
Epo, kini kujdes de, ç'qenka këtu, për pak rashë.

USHTARI
Ah, kjo është portëza e livadhit.

SHËRBËTORJA
Mos më shtyni ashtu de, se do bie.

USHTARI
Shsht... mos bëni kaq zhurmë.

SHËRBËTORJA
Ndalni! Tani do bërtas vërtet. Ç'po bëni...? Ndaluni tani...

USHTARI
S'duket këmbë njeriu këtu.

SHËRBËTORJA
Kthehemi atje ku ka njerëz, atëherë.

USHTARI
S'kemi nevojë për njerëz, apo jo, Marie, për atë... na duhet...

SHËRBËTORJA
Franz! Ju lutem shumë, për hir të Zotit, shihni, nëse... po ta kisha... ditur... oh... oh... eja!

USHTARI
(Çakërrqejf) Djalli ta hajë... akoma...

SHËRBËTORJA
...s'të shoh dot as fytyrën.

USHTARI
Ç'rëndësi ka... fytyra...

USHTARI
Tani, zonjusha Marie, s'mund të rrish shtrirë në bar gjithë natën.

SHËRBËTORJA
Eja, Franz, më ndihmo pak!

USHTARI
Ec tani, sheqerkë!

SHËRBËTORJA
Zoti më ndihtë, Franz.

USHTARI
E po ç't'i bësh, ç'ke me Franzin?

SHËRBËTORJA
Je njeri i keq, Franz.

USHTARI
Po, po! Hë tani, prit pakëz.

SHËRBËTORJA
Pse s'po ma var më?

USHTARI
Besoj tani lejohet të ndez një Virginier.

SHËRBËTORJA
Është kaq errësirë!

USHTARI
Nesër në mëngjes do çeli prapë drita.

SHËRBËTORJA
Të paktën më thuaj: a më dëshiron?

USHTARI
Besoj se duhet ta kesh ndjerë tani, zonjusha Marie, apo jo?

SHËRBËTORJA
Ku po shkojmë?

USHTARI
Po kthehemi, pra!

SHËRBËTORJA
Të lutem, mos ec aq shpejt!

USHTARI
Po tani, ç'ke? Nuk më pëlqen të eci në terr.

SHËRBËTORJA
Më thuaj, Franz, a më dëshiron?

USHTARI
Sapo ta thashë, pra, që të dëshiroj!

SHËRBËTORJA
Nuk do më japësh një puthje?

USHTARI
(Me krenari.) Atje... Dëgjo! Prapë muzika.

SHËRBËTORJA
Do kthehesh vërtet të kërcesh?

USHTARI
Sigurisht, pse jo?

SHËRBËTORJA
Jo, Franz! Shiko, duhet të kthehem në shtëpi. E di që do më qortojnë; Madama është një nga ato që... do të donte më mirë të mos dilja jashtë kurrë.

USHTARI
Epo shko në shtëpi atëherë!

SHËRBËTORJA
Mendova se do më shoqëroje deri në shtëpi.

USHTARI
Të të shoqëroj deri në shtëpi? Ehe!

SHËRBËTORJA
Të lutem! Është kaq e trishtë të shkosh në shtëpi fillikat.

USHTARI
Ku banon?

SHËRBËTORJA
Nuk është edhe aq larg; në *Porzellangasse*.[9]

USHTARI
A, ashtu? Paskemi të njëjtën rrugë... në fakt, është ende shumë herët për mua... tani më duhet të marr parasysh se sot kam kohë të lirë... Veç në dymbëdhjetë duhet të jem në kazermë. Më mirë po shkoj të kërcej.

SHËRBËTORJA
Sigurisht, e kuptoj, tani është radha e biondes syshtrembër!

USHTARI
Ha! Edhe aq keq nuk e ka fytyrën.

SHËRBËTORJA
O Zot, sa të këqij janë meshkujt. E sigurt që me të gjitha femrat të njëjtin avaz bën.

USHTARI
Kjo do t'ishte e tepruar...!

SHËRBËTORJA
Franz, të lutem, mjaft për sot. Rri me mua...

USHTARI
Po, po, në rregull. Por, do më lejohet të kërcej, ama?!

SHËRBËTORJA
Unë, s'po vallëzoj më me askënd sonte!

USHTARI
A, ja ku qenka...

---

9. *Rrugë në rajonin e nëntë të Vjenës; afërsisht 45 minuta larg Prater.*

SHËRBËTORJA

Kush?

USHTARI

Svoboda! Sa shpejt që u kthyem. Ende po luajnë atë... *(Tadarada tadarada, këndon.)* Po më prite, do të të shoqëroj për në shtëpi... nëse jo... mirupafshim!

SHËRBËTORJA

Do pres.

(Hyjnë në sallën e vallëzimit.)

USHTARI

A e di çfarë, zonjusha Marie? Më lejo të të ofroj një gotë birrë. *(Dhe i drejtohet me një gjuhë tepër letrare gjermane, me një kërkesë për vallëzim një biondeje, që po vallëzon para tij me një djalë.)* Zonjusha ime, më lejoni?

DIALOGU I TRETË

SHËRBËTORJA DHE ZOTËRIA I RI

Pasdite e nxehtë vere. Prindërit ndodhen në provincë. Kuzhinierja ka lejedalje. Në kuzhinë, shërbëtorja po i shkruan një letër ushtarit, dashnorit të saj. Nga dhoma e zotërisë së ri bie zilja. Shërbëtorja ngrihet dhe hyn në dhomën e tij. Zotëria i ri është shtrirë në divan, po pi duhan dhe lexon një roman[10] francez.

SHËRBËTORJA
Ç'urdhëroni, zotëri?

ZOTËRIA I RI
Ah po, Marie... po... i rashë ziles, po... çfarë doja... po ekzakt, ulini grilat, Marie... Është më freskët kur grilat janë mbyllur... po...

(Shërbëtorja shkon te dritarja dhe ul grilat.)

ZOTËRIA I RI
(Vazhdon të lexojë.) Ç'po bëni, Marie? Ah, jo! Tani e kam të pamundur të lexoj në errësirë.

SHËRBËTORJA
Zotëria juaj, jeni kaq i zellshëm.

ZOTËRIA I RI
(Fisshëm bën veshin shurdh.) Kështu është mirë. *(Maria largohet.)*

ZOTËRIA I RI
(Përpiqet të lexojë më tej; shpejt lëshon librin, i bie sërish ziles.)

SHËRBËTORJA
(Shfaqet.)

ZOTËRIA I RI
Ju, Marie... ah po, çfarë doja të thosha... ah po... a

---
10. *Romani francez nënkuptohet si një roman me tematikë erotike.*

ka konjak në shtëpi?

SHËRBËTORJA
Po, por do të jetë i kyçur.

ZOTËRIA I RI
Si thoni, kush do i ketë çelësat?

SHËRBËTORJA
Çelësat i ka Lini.

ZOTËRIA I RI
Kush është Lini?

SHËRBËTORJA
Kuzhinierja, zoti Alfred.

ZOTËRIA I RI
Kërkojani Linit atëherë.

SHËRBËTORJA
Po, por Lini ka lejedalje sot.

ZOTËRIA I RI
Ashtu, ë...?

SHËRBËTORJA
Ti sjell zotërisë, ndoshta, diçka nga kafeneja...?

ZOTËRIA I RI
Ah, jo, jo, faleminderit... Mjafton kjo vapë. S'më nevojitet konjaku. A e dini çfarë Marie: më sillni një gotë ujë! Prisni, Marie... lëreni të rrjedhë deri sa të jetë vërtet i ftohtë.

(*Shërbëtorja largohet. Zotëria i ri e ndjek me sy. Te dera, shërbëtorja kthehet ta shohë; zotëria heq sytë. Shërbëtorja hap rubinetin e çezmës dhe lë ujin të rrjedhë. Ndërkohë shkon në dhomëzën e saj, lan duart, rregullon përpara pasqyrës kaçurrelat. Pastaj i sjell zotërisë gotën me ujë. Shkon për te divani. Zotëria i ri ngrihet ulur. Shërbëtorja i jep gotën në dorë e padashur prekin gishtat.*)

ZOTËRIA I RI
Faleminderit! Ç'është me ju? Kujdesuni; vendoseni gotën prapë mbi tabaka... (*Shtriqet*) Sa vajti ora?

SHËRBËTORJA
Pesë fiks, zotëri.

ZOTËRIA I RI
Ah, pesë qenka ora? Bukur!

SHËRBËTORJA
(Largohet; te dera kthehet. Zotëria i ri e ndjek me sy; ajo e vëren dhe buzëqesh).

ZOTËRIA I RI
(Rri pak shtrirë, pastaj papritmas ngrihet. Shkon te dera, kthehet sërish, shtrihet në divan. Përpiqet të lexojë. Pas disa minutash i bie përsëri ziles.)

SHËRBËTORJA
(Shfaqet me një buzëqeshje, që nuk përpiqet ta fshehë.)

ZOTËRIA I RI
Dëgjoni, Marie... Doja t'ju pyesja për diçka? A nuk ishte doktor Shëller këtu sot paradite?

SHËRBËTORJA
Jo, askush nuk ka ardhur sot paradite.

ZOTËRIA I RI
Vërtet e çuditshme. Doktor Shëller nuk ishte këtu?! A e njihni vërtet doktor Shëllerin?

SHËRBËTORJA
Natyrisht që po. Është ai zotëria shtatlartë, me mjekër e mustaqe të zeza.

ZOTËRIA I RI
Ekzakt. Se mos ndoshta edhe ka qenë?

SHËRBËTORJA
Jo, s'ka ardhur njeri, zotëri.

ZOTËRIA I RI
(I vendosur.) Ejani këtu Marie.

SHËRBËTORJA
(I afrohet pak.) Urdhëroni!

ZOTËRIA I RI
Më afër... kështu... ah... besova se...

SHËRBËTORJA
Dëshironi diçka zotëri?

ZOTËRIA I RI
Besova se... Besova... Për shkak të bluzës suaj... Çfarë lloji është... Hë pra, ejani, afrohuni! Hë, se nuk ju kafshoj!

SHËRBËTORJA
(Afrohet.) Çfarë ka bluza time? A nuk i pëlqen zotërisë suaj?

ZOTËRIA I RI
(Prek bluzën, duke tërhequr shërbëtoren te vetja.) Blu? Kjo është një blu mjaft e bukur. *(Thjesht)* Jeni veshur shumë bukur, Marie.

SHËRBËTORJA
Por, zotëri...

ZOTËRIA I RI
Ah... Ç'keni?... *(Ia ka hapur bluzën. Flet i habitur.)* Keni dhe lëkurën e bukur e të bardhë, Marie.

SHËRBËTORJA
Zotëria po më bën qejfin...

ZOTËRIA I RI
(E puth në gjoks.) Nuk ma ha mendja se ju dhemb kjo.

SHËRBËTORJA
Oh, jo aspak.

ZOTËRIA I RI
Ju psherëtitë. Pse psherëtini Marie?

SHËRBËTORJA
Oh, zoti Alfred...

ZOTËRIA I RI
Dhe çfarë pantoflash të bukura paskeni...

SHËRBËTORJA
...por ...zotëri... po sikur të bjerë zilja?

ZOTËRIA I RI
E kush do t'i bjerë ziles tani?

SHËRBËTORJA
Por, zotëri... shihni... është shumë dritë...

ZOTËRIA I RI
S'ka pse t'ju vijë zor nga unë. Dhe s'ka pse t'ju vijë para askujt... kur jeni kaq e bukur. Po, shpirti im; Marie, ju jeni... A e dini, edhe flokët tuaj kanë një aromë të ëmbël.

SHËRBËTORJA
Zoti Alfred...

ZOTËRIA I RI
Mos u sillni kështu, Marie... ju kam parë edhe ndryshe. Pardje natën u ktheva në shtëpi dhe shkova të mbush pak ujë; dera e dhomës suaj ishte hapur... hë tani...

SHËRBËTORJA
(Mbulon fytyrën.) Oh Zot, as që më shkonte mendja se zoti Alfred do ishte kaq i keq.

ZOTËRIA I RI
Pashë mjaft... këtë dhe atë... dhe të tjera... edhe...

SHËRBËTORJA
Oh, zoti Alfred!

ZOTËRIA I RI
Ejani tani... ndaj... kështu... kështu më mirë...

SHËRBËTORJA
Po sikur t'i bjerë dikush ziles tani?

ZOTËRIA I RI
Epo tani pushoni... se fundja-fundja nuk e hapim...

(Bie zilja.)

ZOTËRIA I RI
Ta marrë djalli, ta marrë! Dhe çfarë zhurme bëka ky njeri. Ndoshta i ka rënë ziles më herët dhe nuk e kemi dëgjuar.

SHËRBËTORJA
Oh jo, mbajta vesh gjithë kohën.

ZOTËRIA I RI
Mirë. Shihni si është puna; përmes perdeve.

SHËRBËTORJA
Ah, zoti Alfred... po ju qënkeni... jooo... shumë i keq.

ZOTËRIA I RI
Ju lutem, hidhni një sy tani...

(Shërbëtorja del jashtë dhomës.)

ZOTËRIA I RI
(Hap vrullshëm perdet.)

SHËRBËTORJA
(Rishfaqet) Do ketë ikur. S'ka më njeri jashtë. Ndoshta ishte doktor Shëller.

ZOTËRIA I RI
(I mërzitur.) Faleminderit!

SHËRBËTORJA
(I afrohet.)

ZOTËRIA I RI
(I shmanget.) Dëgjoni, Marie! Po shkoj në kafene tani.

SHËRBËTORJA
(Ëmbëlsisht.) Tani... zoti Alfred?!

ZOTËRIA I RI
(Me seriozitet.) Tani po shkoj në kafene. Nëse do të vinte doktor Shëller...

SHËRBËTORJA
Nuk vjen më sot.

ZOTËRIA I RI
(Rreptësisht.) Nëse do të vinte doktor Shëller, unë..., jam në kafene.

(Shkon në dhomën tjetër. Shërbëtorja merr një puro nga tavolina e duhanit, e fut në xhep dhe largohet.)

DIALOGU IV

DJALOSHI DHE ZONJËZA

Mbrëmje. Një sallon i mobiluar me elegancë banale në një shtëpi në Schwindgasse[11].

Djaloshi sapo ka hyrë dhe po ndez qirinjtë, ndërsa ende mban kapelën dhe pardesynë veshur. Pastaj hap derën e dhomës ngjitur dhe hedh një vështrim brenda. Nga qirinjtë e sallonit, rrezatimi ndriçon një shtrat me tendë, me kokën në faqen e murit përtej. Nga oxhaku në cep të dhomës së gjumit përhapet një shkëlqim i kuqërremtë drite mbi perdet e shtratit. Hyn në dhomë. Nga tavolina e tualetit midis dy dritareve merr një shishe me pompë dhe spërkat tapicerinë e shtratit me ca rreze të holla të një parfumi vjollcë. Pastaj shëtit nëpër të dyja dhomat me shishen në dorë dhe vazhdon ta shtypë pareshtur tullumbacen e vogël të pompës. Në çast, anekënd kundërmon erë vjollce. Heq pardesynë dhe kapelën. Ulet në kolltukun prej kadifeje blu dhe ndez një cigare. Pas pak ngrihet përsëri dhe sigurohet që grilat jeshile janë të mbyllura. Papritmas kthehet në dhomën e gjumit, hap sirtarin e komodinës së shtratit, fut dorën brenda dhe ndjen një kapëse flokësh me motiv breshke. Kërkon një vend ku ta fshehë, më në fund e fut në xhepin e pardesysë. Pastaj hap një dollap, që ndodhet në sallon, nxjerr një filxhan argjendi, një shishe konjaku dhe dy gota likeri e vendos gjithçka mbi tryezë.

I rikthehet pardesysë së vet, nga e cila merr një pako të vogël, të bardhë. E hap dhe e vendos ngjitur konjakut. Shkon përsëri te dollapi, merr dy pjata të vogla dhe takëmet e ngrënies. Nga pakoja e vogël merr një gështenjë të sheqerosur dhe e ha. Më pas mbush një gotë konjak për vete dhe e hedh me një frymë. Sheh orën. Shëtit lart e poshtë

---

[11]. *Rrugë në lagjen e katërt të shtresës së mesme qytetare të Vjenës.*

dhomës. Ndalet për një çast para pasqyrës së madhe të murit, ndreq flokët dhe mustaqet e vogla me krehrin e xhepit. Shkon te dera e paradhomës dhe përgjon. S'pipëtin asgjë. Shkon e mbledh perdet e rënda blu, varur para derës së dhomës së gjumit. Bie zilja. Rrëqethet lehtë. Pastaj ulet në kolltuk dhe ngrihet në momentin kur hapet dera dhe hyn Zonjëza.)

ZONJËZA
(E mbuluar komplet me vel, mbyll derën pas saj, ndalet për një moment dhe vë dorën e majtë mbi zemër, sikur t'i duhet të kapërcejë një eksitim të fuqishëm.)

DJALOSHI
(Shkon drejt saj, i merr dorën e majtë dhe i fal një puthje mbi dorashkën e bardhë me qëndisje të zeza. I flet me zë të ulët.) Ju falënderoj!

ZONJËZA
Alfred, Alfred!

DJALOSHI
E hirshmja zonjë... Zonja Ema...

ZONJËZA
Më lini edhe një çast, ju lutem... Oh, ju lutem shumë, Alfred! *(Qëndron ende në këmbë te dera.)*

DJALOSHI
(Rri para saj e i mban dorën.)

ZONJËZA
Ku jam tani?

DJALOSHI
Me mua.

ZONJËZA
Kjo shtëpi është e tmerrshme, Alfred.

DJALOSHI
Pse? Është një shtëpi shumë e fisme.

ZONJËZA
U shkëmbeva me dy burra te shkallët.

DJALOSHI
Të njohur?

ZONJËZA
Nuk e di. Ndoshta.

DJALOSHI
Më falni, e hirshmja zonjë, ju me siguri i njihni miqtë, apo jo?

ZONJËZA
Nuk shihja dot asgjë.

DJALOSHI
Por ata, edhe miqtë tuaj më të mirë të ishin, nuk do t'ju kishin njohur. Ose unë... nëse nuk do ta dija që jeni ju... ky vel...

ZONJËZA
Janë dy vello.

DJALOSHI
Nuk doni të më afroheni pakëz? Të paktën, hiqni kapelën!

ZONJËZA
Alfred, si më flisni kështu? Ju thashë: pesë minuta... Më gjatë jo... Ju betohem!

DJALOSHI
Velin pra...

ZONJËZA
Kam dy.

DJALOSHI
Epo, të dyja vellot; së paku t'ju shoh, kaq më lejohet besoj?

ZONJËZA
A më dashuroni, Alfred?

DJALOSHI
(I lënduar thellë.) Ema!¹² Edhe më pyesni?!

ZONJËZA
Qenka kaq nxehtë këtu.

DJALOSHI
Po pse akoma me pallton veshur? Ngrini vërtet?

ZONJËZA
(Më në fundi hyn në dhomë dhe hidhet në kolltuk.) Sa e lodhur! Jam si e vdekur.

DJALOSHI
Më lejoni, ju lutem! *(I heq velin; i tërheq gjilpërën nga kapela, vendos mënjanë kapelën, gjilpërën, velin.)*

ZONJËZA
(E lejon ta bëjë.)

DJALOSHI
(I rri para dhe tund kokën.)

ZONJËZA
Çfarë keni?

DJALOSHI
Kurrë s'keni qenë kaq e bukur.

ZONJËZA
Pse?

DJALOSHI
Vetëm... vetëm me ju! Ema. *(Ulet me një gju pranë kolltukut të saj; ia merr të dyja duart dhe ia mbulon me puthje.)*

ZONJËZA
Dhe tani... Më lini të iki. Atë që më kërkuat, jua plotësova.

---

12. *Emri i zonjës nënkupton Ema Bovarinë, personazhi kryesor në romanin e Gustav Flober, "Zonja Bovari" (1857), e cila, si bashkëshorte e një farmacisti të mërzitshëm province, dëshiron me zjarr aventura dashurie.*

DJALOSHI
(Lëshon kokën në prehrin e saj.)

ZONJËZA
Më premtuat se do të silleshit mirë.

DJALOSHI
Po.

ZONJËZA
Mbytesh në këtë dhomë.

DJALOSHI
(Ngrihet në këmbë.) Ende me pallton veshur!?

ZONJËZA
Ma vendoseni te kapela.

DJALOSHI
(Ia heq pallton dhe e vendos edhe atë në divan.)

ZONJËZA
Dhe tani... Lamtumirë!

DJALOSHI
Ema! Ema!

ZONJËZA
Ato pesë minutat ikën me kohë.

DJALOSHI
As edhe një!

ZONJËZA
Alfred, më thoni njëherë saktësisht sa është ora.

DJALOSHI
Është fiks gjashtë e një çerek.

ZONJËZA
Duhet të isha te motra tani.

DJALOSHI
Motrën mundeni ta shihni shpesh...

ZONJËZA
Oh Zot! Alfred, pse më nxitët ta bëja?

DJALOSHI
Sepse unë... ju adhuroj, Ema.

ZONJËZA
Save ua keni thënë këtë?

DJALOSHI
Që kur ju pashë, askujt.

ZONJËZA
Sa mendjelehtë qenkam! Sikur ta kisha parashikuar këtë... tetë ditë më parë... madje edhe dje...

DJALOSHI
Dhe pardje madje më premtuat...

ZONJËZA
Eh, sa më torturuat. Por, nuk doja ta bëja. Zotin kam dëshmitar, nuk doja ta bëja... Dje isha më se e vendosur... A e dini se mbrëmë ju kam shkruar një letër të gjatë?

DJALOSHI
Nuk kam marrë ndonjë letër.

ZONJËZA
E grisa. Oh, duhet t'jua kisha dërguar me të vërtetë atë letër.

DJALOSHI
Më mirë kështu.

ZONJËZA
Oh jo, sa e turpshme... nga unë. Nuk e kuptoj veten! Lamtumirë Alfred, më lini të iki!

DJALOSHI
(E përqafon dhe i mbulon fytyrën me puthje të nxehta.)

ZONJËZA
Kështu... e mbani fjalën...?

DJALOSHI
Edhe një puthje! Edhe një!

ZONJËZA
Të fundit. *(E puth; ajo ia kthen puthjen e rrinë ashtu për një kohë të gjatë.)*

DJALOSHI
A t'ju them diçka, Ema? Tani e kuptova se ç'është lumturia.

ZONJËZA
(Zhytet përsëri në kolltuk.)

DJALOSHI
(Ulet te krahu i kolltukut, i vë një krah lehtë rreth qafës.) Më saktë, tani po e kuptoj se çfarë mund të ishte lumturia.

ZONJËZA
(Psherëtin thellë.)

DJALOSHI
(E puth sërish.)

ZONJËZA
Alfred! Alfred! Çfarë po më bëni?!

DJALOSHI
Kjo jo... Është aq e parehatshme këtu... Dhe jemi kaq të sigurt këtu! Është një mijë herë më e bukur se ato takimet në natyrë...

ZONJËZA
Oh, vetëm ato mos m'i kujtoni!

DJALOSHI
Orë e çast do t'i mendoj me kënaqësi të pafundme. Për mua, çdo minutë që më lejohej të kaloja pranë jush është një kujtim i ëmbël.

ZONJËZA
A ju kujtohet balloja e industrialëve?

DJALOSHI
Nëse e mbaj mend...? Gjatë darkës u ula pranë jush, shumë afër jush. Bashkëshorti juaj kishte shampanjë...

ZONJËZA
(E shikon ankueshëm.)

DJALOSHI
Thjesht doja të flisja për shampanjën! Ema, më thoni, nuk dëshironi të pini një gotë konjak?

ZONJËZA
Një pikë, por më parë më jepni një gotë ujë.

DJALOSHI
Po... Po ku qenka... ah po... *(Shtyn perdet e rënda dhe hyn në dhomën e gjumit.)*

ZONJËZA
(E ndjek me sy.)

DJALOSHI
(Kthehet me një kanë ujë dhe dy gota.)

ZONJËZA
Po ku ishit, de?

DJALOSHI
Në... dhomën ngjitur. *(Mbush një gotë ujë.)*

ZONJËZA
Tani do t'ju pyes diçka, Alfred... dhe m'u betoni se do më thoni të vërtetën.

DJALOSHI
Betohem!

ZONJËZA
A ka qenë ndonjë grua tjetër në këto dhoma?

DJALOSHI
Moj Ema! Po kjo shtëpi s'përdoret që prej njëzet vjetësh!

ZONJËZA
E dini se çfarë dua të them, Alfred... Me ju! Te ju!

DJALOSHI
Me mua? Këtu? Ema! Nuk është mirë që sillni ndërmend diçka të tillë.

ZONJËZA

Pra, ju keni... si duhet të... Jo, më mirë jo, s'dua t'ju pyes. Është më mirë nëse nuk pyes. E kam vetë fajin. Gjithçka hakmerret.

DJALOSHI

Po, çfarë keni kështu? Ç'është me ju? Çfarë hakmerret?

ZONJËZA

Jo, jo, jo, nuk lejohet të vij në vete... Përndryshe do të më duhej t'ia hapja vetes gropën nga turpi.

DJALOSHI

(Me kanën e ujit në dorë, tund kokën me trishtim.) Ema, ah sikur të mund ta merrnit me mend se sa më lëndoni!

ZONJËZA

(Mbush për vete një gotë konjak.)

DJALOSHI

Dua t'ju them diçka, Ema. Nëse turpëroheni që jeni këtu, nëse nuk ju interesoj më, nëse nuk e ndjeni se për mua jeni tërë lumturia e botës, atëherë më mirë shkoni.

ZONJËZA

Po! Këtë do bëj.

DJALOSHI

(Duke i prekur dorën.) Por nëse do ta merrnit me mend se pa ju nuk mund të jetoj, se një puthje mbi dorën tuaj ka më shumë kuptim se të gjitha përkëdheljet e të gjitha grave të krejt botës... Ema! Nuk jam si të rinjtë e tjerë, që kanë aftësi të përkujdesen për oborrin... Unë ndoshta jam shumë naiv... Unë...

ZONJËZA

Po sikur të jeni edhe ju si të rinjtë e tjerë?

DJALOSHI

Atëherë nuk do të ishit këtu sot, sepse as ju nuk jeni si gratë e tjera.

ZONJËZA

Nga e dini këtë?

DJALOSHI

(E tërheq drejt divanit dhe i ulet pranë.) Kam menduar shumë për ju. E di, nuk jeni e lumtur.

ZONJËZA

(E kënaqur.) Po.

DJALOSHI

Jeta është kaq e zbrazët, kaq e pavlefshme dhe... kaq e shkurtër... sa tmerrësisht e shkurtër! Vetëm një fat ekziston... të gjesh dikë që të do.

ZONJËZA

(Merr një copë dardhë të sheqerosur nga tryeza, e fut në gojë.)

DJALOSHI

Mua! Gjysmën! *(Ia ofron te buzët.)*

ZONJËZA

(Ia kap duart, që rrezikojnë të rrëshqasin). Çfarë po bëni, Alfred? Ky është premtimi juaj?

DJALOSHI

(Gëlltitet dhe flet më i guximshëm.) Jeta është kaq e shkurtër.

ZONJËZA

(Dobët.) Por, nuk është kjo arsyeja...

DJALOSHI

(Mekanikisht.) Oh, po.

ZONJËZA

(Më me dobësi.) Shikoni, Alfred! Më premtuat... Sjellshëm... Dhe është kaq dritë...

DJALOSHI

Ejani, ejani, o diamant, diamant... *(E ngre nga divani rrufeshëm.)*

ZONJËZA

Ç'po bëni?

DJALOSHI
Atje brenda nuk ka fare dritë.

ZONJËZA
Është një dhomë tjetër aty?

DJALOSHI
(E tërheq pas vetes.) Një e bukur... dhe tepër e errët.

ZONJËZA
Rrimë më mirë këtu.

DJALOSHI
(Tashmë me të pas perdeve të rënda, në dhomën e gjumit, merret me gishtat në belin e saj.)

ZONJËZA
Qenkeni kaq... O Zot, çfarë më bëni! Alfred!

DJALOSHI
Ju adhuroj, Ema!

ZONJËZA
Prisni pra, prisni të paktën... *(Dobët.)* Shkoni... do thërras...

DJALOSHI
Më lejoni... Më lejoni... Unë *(I merret goja.)* ...më lejoni... t'ju... t'ju... ndihmoj.

ZONJËZA
Por, po më gris gjithçka.

DJALOSHI
S'paskeni veshur sutiena?

ZONJËZA
S'mbaj kurrë sutiena. As Odilon[13] nuk vesh. Por, ama mund të më zgjidhni këpucët.

DJALOSHI
(Ia zgjidh dhe i puth këmbët.)

---

13. *Helene O., lindur në Drezden, aktore në Meishen, Berlin dhe Vjenë. Luante shpesh në teatrin popullor rolin e dashnores naive.*

ZONJËZA
(Futet në shtrat.) Oh, paskam ftohtë!

DJALOSHI
Për një çast do të ngroheni.

ZONJËZA
(Duke qeshur me zë të ulët.) Vërtet besoni?!

DJALOSHI
(Preket dhe flet me vete.) S'duhej të ma kishit thënë këtë. *(Zhvishet në errësirë.)*

ZONJËZA
(Ëmbël.) Ejani, ejani, ejani!

DJALOSHI
(Fjalët e risjellin në një gjendje më të mirë.) Një moment...

ZONJËZA
Kundërmoka si erë manushaqe këtu.

DJALOSHI
Është era juaj...

ZONJËZA
Alfred... Alfred!

DJALOSHI:
Ema...

DJALOSHI
Me sa duket, të dua jashtë mase... Po... jam i çmendur pas teje.

ZONJËZA
...

DJALOSHI
Gjithë këto ditë kam qenë si i çmendur. E paraprisja!

ZONJËZA
Mos e vrit mendjen për këtë.

DJALOSHI
Oh, sigurisht që jo. Është më se e kuptueshme, nëse...

ZONJËZA
Mos... mos... U bëre nervoz! Qetësohu...

DJALOSHI
A e njeh Stendalin?

ZONJËZA
Stendal?

DJALOSHI
'Psychologie de l'amour'.

ZONJËZA
Jo, pse po më pyet?

DJALOSHI
Në të përshkruhet një histori shumë karakteristike.

ZONJËZA
Çfarë lloj historie?

DJALOSHI
Është një shoqëri e tërë e oficerëve të kalorësisë...

ZONJËZA
Aha!

DJALOSHI
Ata rrëfejnë për aventurat e tyre të dashurisë. Dhe secili raporton se me gruan që e donte më shumë, kupton, e dëshironte me shumë pasion... se ajo... që ai asaj... me pak fjalë, që secili me këtë grua, ka ndjerë të njëjtën që po ndjej për ty.

ZONJËZA
Po.

DJALOSHI
Kjo është shumë karakteristike.

ZONJËZA
Po.

DJALOSHI
Ende s'ka mbaruar. Një nga ta pretendon se... nuk i ka ndodhur kurrë gjatë gjithë jetës, por, shton Stendal... ai ishte një mburravec famëkeq.

ZONJËZA
Vërtet.

DJALOSHI
E megjithatë të prish qejfin, këtu qëndron problemi? Është e parëndësishme se sa është e vërtetë.

ZONJËZA
Natyrisht. Por, diçka tjetër tani, të kujtohet... më premtove se do silleshe mirë.

DJALOSHI
Eja tani, mos qesh, s'është kjo rrugëzgjidhja.

ZONJËZA
Por jo, more, nuk po qesh. Historia e Stendalit është me të vërtetë interesante. Gjithmonë kam menduar se vetëm te njerëzit e moshuar... ose tek ata që më shumë... më kupton, njerëz, që kanë përjetuar shumë...

DJALOSHI
E ç'thua kështu? Nuk ka asnjë lidhje me këtë. Meqë ra fjala, edhe historinë më magjepse të Stendal e harrova. Është një nga oficerët e kalorësisë, i cili tregon se kaloi tri net... madje edhe gjashtë... s'më kujtohet më, me gruan që e dëshironte për javë të tëra... dëshirë... E kupton? Dhe për gjithë ato net s'bënë gjë tjetër përveçse qanë nga lumturia... të dy.

ZONJËZA
Të dy?

DJALOSHI
Po. Të habit? Më duket kaq e kuptueshme, veçanërisht kur dashurohesh.

ZONJËZA
Por sigurisht që ka edhe shumë nga ata që nuk derdhin lot.

DJALOSHI

(Nervoz.) Sigurisht... është edhe një rast i jashtëzakonshëm.

ZONJËZA

Ah! Mendova se Stendal thoshte që të gjithë oficerët e kalorësisë qajnë në këto raste.

DJALOSHI

E sheh? Tani po tallesh.

ZONJËZA

Ç'të thotë mendja! Mos bëj si fëmijë, Alfred!

DJALOSHI

E po edhe të nervozon... Por një ndjenjë më thotë se orë e çast ty aty të rri mendja. Kjo më vë në pozitë edhe më shumë.

ZONJËZA

Absolutisht që jo! Nuk e kam mendjen aty.

DJALOSHI

Oh po! Vetëm sikur të isha i bindur që më dashuron.

ZONJËZA

Kërkon më shumë dëshmi?

DJALOSHI

E sheh tani? Vazhdon të tallesh.

ZONJËZA

Po pse, more? Eja, ma jep kokëzën e ëmbël.

DJALOSHI

Oh, sa mirë më ardhka.

ZONJËZA

Më do?

DJALOSHI

Oh, sa i lumtur që jam.

ZONJËZA

Por, edhe... s'ke pse qan ama.

DJALOSHI

(Duke iu larguar, tejet i irrituar.) Sërish, sërish! Por unë sa t'u luta...

ZONJËZA
Kur të them që s'ke pse qan...

DJALOSHI
Ti the: edhe të qash!

ZONJËZA
U nervozove, shpirti im.

DJALOSHI
Ti e di!

ZONJËZA
Por, nuk ke pse. Madje më pëlqen që... që ne, të themi, si shokë të mirë...

DJALOSHI
Fillove prapë?!

ZONJËZA
Ah, nuk e mban mend! Kjo ishte një nga bisedat tona të para. Dëshironim të ishim shokë të mirë, asgjë më shumë. Oh, sa bukur ishte... Ndodhi tek ime motër, në janar, në mbrëmjen e madhe të vallëzimit, gjatë Quadrille*... O zot, duhet të kisha ikur prej kohësh... po më pret motra... çfarë t'i them... Lamtumirë, Alfred!

DJALOSHI
Ema! Kështu do të më lësh?!

ZONJËZA
Po! Kështu!

DJALOSHI
Edhe pesë minuta...

ZONJËZA
Mirë. Edhe pesë minuta. Por do më premtosh që s'do lëvizësh nga vendi? Po??? Dua të të jap një puthje për lamtumirë... shttt... rri i qetë... mos lëviz, të thashë, përndryshe do ngrihem, oh i ëmbli im... i ëmbli...

DJALOSHI
Ema... e adhuruara... ime...

ZONJËZA
Alfredi im!

DJALOSHI
Ah, me ty është parajsa.

ZONJËZA
Tani më duhet të largohem vërtet.

DJALOSHI
Oh, lëre motrën të presë.

ZONJËZA
Duhet të shkoj në shtëpi. Për motrën u bë tepër vonë. Sa vajti ora?

DJALOSHI
Po, si të ta gjej orën?

ZONJËZA
Thjesht, shiko sahatin.

DJALOSHI
Orën e kam në jelek.

ZONJËZA
Atëherë, shko e merre!

DJALOSHI
(Hidhet me një lëvizje të fuqishme.) Tetë.

ZONJËZA
(*Ngrihet nxitimthi.*) Për hir të Zotit... Shpejt, Alfred, më jep çorapet. Çfarë të të them? Në shtëpi, me siguri që më presin... tetë ora...

DJALOSHI
Kur do të të shoh prapë?

ZONJËZA
Kurrë.

DJALOSHI
Ema! Nuk më do më?

ZONJËZA
Po pra, për këtë arsye. M'i jep këpucët.

DJALOSHI
Kurrë më? Ja ku i ke këpucët.

ZONJËZA
Në çantën time të dorës është një aparat[14] për lidhjen e këpucëve. Të lutem, shpejt...

DJALOSHI
Ja ku e ke aparatin.

ZONJËZA
Alfred, kjo mund të na kushtojë të dyve kokën.

DJALOSHI
(Jashtëzakonisht i prekur.) Pse?

ZONJËZA
Po çfarë t'i them nëse më pyet: "Nga po vjen?".

DJALOSHI
Nga motra.

ZONJËZA
Nëse do mundesha të gënjeja, mirë do të ishte.

DJALOSHI
Epo je e detyruar ta bësh.

ZONJËZA
Gjithçka vetëm për një person të tillë. Oh, eja këtu... më lër të të puth edhe një herë. *(E përqafon.)* Dhe tani... më lër, shko në dhomën tjetër. S'mund të vishem kur je pranë meje.

DJALOSHI
(Shkon në sallon, ku vishet. Ha diçka nga furra, pi një gotë konjak.)

ZONJËZA
(Thërret pas pak.) Alfred!

DJALOSHI
Shpirti im.

---

14. *Në atë kohë, një aparat special shumë i përdorshëm për lidhjen e këpucëve.*

ZONJËZA
Bëmë mirë që nuk qamë.

DJALOSHI
(Duke buzëqeshur me krenari.) Si mund të flitet kaq pa problem kështu?

ZONJËZA
Si do të veprojmë nëse takohemi rastësisht përsëri në shoqëri?

DJALOSHI
Rastësisht... një herë... Me siguri që do të jetë nesër në shtëpinë e Lobhajmerit?

ZONJËZA
Po. Edhe ti?

DJALOSHI
Sigurisht. Mund të vallëzojmë kotillon[15]?

ZONJËZA
Oh, nuk do të shkoj. Ç'kujton ti? Do të më... *(Hyn në sallon e veshur plotësisht, merr një çokollatë.)* përpinte dheu.

DJALOSHI
Atëherë, nesër te Lobheimeri, oh, ç'mrekulli.

ZONJËZA
Jo, jo... do ta anuloj; padyshim!

DJALOSHI
Atëherë, pasnesër... këtu.

ZONJËZA
Ç'flet more?

DJALOSHI
Në gjashtë...

ZONJËZA
Ka makina këtu në cep, apo jo?

DJALOSHI
Po, sa të duash. Atëherë, pasnesër këtu në gjashtë.

---

15. *Një vallëzim popullor balloje në Evropën dhe Amerikën e shekullit XVIII.*

Më thuaj po, shpirti im i dashur.

ZONJËZA
Do ta bisedojmë nesër kur të vallëzojmë kotillon.

DJALOSHI
(E përqafon.) Engjëlli im.

ZONJËZA
Mos m'i prish prapë flokët.

DJALOSHI
Atëherë, nesër te Lobheimeri dhe pasnesër në krahët e mi.

ZONJËZA
Lamtumirë...

DJALOSHI
(Papritmas i shqetësuar.) Çfarë do t'i thuash sot atij?

ZONJËZA
Mos më pyet... mos më pyet... është e tmerrshme. Pse të dua kaq shumë!? Lamtumirë! Po u shkëmbeva përsëri me njerëz te shkallët do më bjerë pika. Uf!

DJALOSHI
(I puth edhe një herë dorën.)

ZONJËZA
(Largohet.)

DJALOSHI
(Mbetur vetëm tani, ulet në divan. Buzëqesh dhe i thotë vetes.) Tani kam një marrëdhënie me një grua të ndershme.

DIALOGU I PESTË

ZONJËZA DHE BASHKËSHORTI

Një dhomë gjumi e rehatshme. Është dhjetë e gjysmë e natës. Gruaja është shtrirë në shtrat dhe lexon. Bashkëshorti hyn në dhomë, veshur me robëdëshambër.

ZONJËZA
(Pa i hedhur vështrimin.) Nuk po punon më?

BASHKËSHORTI
Jo. Jam shumë i lodhur. E përveç kësaj...

ZONJËZA
Çfarë?

BASHKËSHORTI
Papritmas u ndjeva kaq i vetmuar në tavolinën e punës dhe më mbërtheu një dëshirë e zjarrtë për ty.

ZONJËZA
(Ngre sytë.) Vërtet?

BASHKËSHORTI
(Ulet në shtrat pranë saj.) Boll lexove për sot. Do i prishësh sytë.

ZONJËZA
(Mbyll librin.) Ç'ke kështu sot?

BASHKËSHORTI
Asgjë, vogëlushja ime. Jam i dashuruar pas teje dhe ti e di mirë këtë!

ZONJËZA
Nganjëherë, gati-gati edhe harrohet...

BASHKËSHORTI
Nganjëherë madje edhe duhet harruar.

ZONJËZA
Përse?

BASHKËSHORTI
Përndryshe martesa do të ishte diçka jo e përsosur.

Do të... si të ta them... do të të humbte shenjtërinë e saj.

ZONJËZA

Oh...

BASHKËSHORTI

Më beso... Nëse në këta pesë vjet martesë, nuk do ta harronim ndonjëherë se jemi të dashuruar, ndoshta nuk do të ishim më të tillë.

ZONJËZA

Kjo teori është shumë e komplikuar për mua.

BASHKËSHORTI

Çështja është e thjeshtë: kemi pasur nja dhjetë apo dymbëdhjetë dashuriçka me njëri-tjetrin... A nuk mendon edhe ti kështu?

ZONJËZA

Nuk i kam numëruar!

BASHKËSHORTI

Po ta kishim shijuar të parën herë deri në fund dhe unë t'i isha dorëzuar që në fillim, pa kufizim, pasionit tim për ty, do të na kishte ndodhur si miliona të dashuruarve të tjerë. Mes nesh do të kishte marrë fund gjithçka, shumë shpejt.

ZONJËZA

Ah ... për këtë e paske fjalën?

BASHKËSHORTI

Besomë, Ema, ditët e para të martesës sonë, kisha frikë se kësisoj do të shkonte kjo punë.

ZONJËZA

Edhe unë.

BASHKËSHORTI

E sheh? A nuk kam pasur të drejtë? Kjo është arsyeja pse është mirë të jetosh herë-herë, për një kohë, vetëm në miqësi të mirë me njëri-tjetrin.

ZONJËZA

Vërtet?

BASHKËSHORTI
Dhe kështu ndodh, që mund të përjetojmë herë pas here muaj mjalti, sidomos që unë nuk i lë kurrë këta muaj mjalti...

ZONJËZA
Të zgjaten me muaj.

BASHKËSHORTI
Ekzakt.

ZONJËZA
Tani... duket se sërish i ka ardhur fundi një periudhe të tillë miqësie...?

BASHKËSHORTI
(E shtrëngon ëmbëlsisht.) Me sa duket.

ZONJËZA
Po sikur... të jetë ndryshe për mua?

BASHKËSHORTI
Nuk është ndryshe për ty, jo. Ti je qenia më e zgjuar dhe më mahnitëse që ekziston. Jam kaq i lumtur që të gjeta!

ZONJËZA
Të falënderoj për se si e punon kopshtin, herë pas here!

BASHKËSHORTI
(Që gjithashtu është shtrirë në shtrat.) Për një burrë, që ka parë disi botën – eja, vëre kokën te shpatulla ime – për atë që ka parë botën, martesa është, në të vërtetë, diçka shumë më misterioze sesa për ju, vajzat e reja nga familje të mira. Ju vini te ne plotësisht të pafajshme dhe... të paktën, në një farë mase, të paditura. Falë kësaj arrini vërtet të kuptoni shumë më qartë sesa ne se ç'është dashuria.

ZONJËZA
(Duke qeshur.) Oh!

BASHKËSHORTI
Sigurisht. Sepse ne, burrat, hutohemi dhe ndihemi të pasigurt nga përvojat e shumta që kalojmë gjatë

martesës. Ju, femrat, dëgjoni dhe dini shumë, si dhe lexoni shumë, por nuk krijoni dot një ide të saktë të asaj që burrat përjetojmë vërtet. Ne, kjo që zakonisht njerëzit e quajnë dashuri, na bëhet plotësisht e neveritshme; se në fund të fundit, çfarë lloj krijesash janë ato, nga të cilat varemi...

ZONJËZA
Më thuaj, pra, ç'lloj krijesash janë ato?

BASHKËSHORTI
(E puth në ballë.) Ji e lumtur, vogëlushja ime, që kurrë s'ke hedhur një vështrim në marrëdhënie si këto. Në fund të fundit, janë kryesisht ca qenie qyqare, që meritojnë mëshirë; nuk na takon ne të gjykojmë.

ZONJËZA
Të lutem! Kjo keqardhje nuk më duket aspak me vend.

BASHKËSHORTI
(Me butësi të ëmbël.) E meritojnë. Ju vajzat e reja, nga familje të mira, që prisni në paqe, nën kujdesin e prindërve, për burrin që do ju dëshirojë në martesë, nuk e njihni mjerimin, që detyron shumicën e këtyre krijesave të varfra të hidhen në krahët e mëkatit.

ZONJËZA
Vërtet kështu e shesin veten të gjitha?

BASHKËSHORTI
Ah jo, nuk e kam këtu fjalën. Nuk flas vetëm për mjerimin material. Por ekziston edhe – do të doja ta cilësoja – një mjerim moral; mungesa e vlerësimit të asaj që është e lejueshme dhe veçanërisht e asaj që është fisnike.

ZONJËZA
Po pse duhet të mëshirohen atëherë? Duket sikur po kënaqen paq.

BASHKËSHORTI
Ke mendime të çuditshme, vogëlushja ime. Nuk du-

het të harrosh se qenie të tilla janë nga natyra të destinuara të bien poshtë e më poshtë. Nuk ka fund mjerimi.

ZONJËZA
(I ngucet afër.) Rënia duket një gjë mjaft e këndshme.

BASHKËSHORTI
(Sikletoset.) Si mund të flasësh kështu, Ema? Mendoj se pikërisht për ju, gratë e ndershme, nuk mund të ekzistojë asgjë më e neveritshme se gjithë ato që nuk janë si ju.

ZONJËZA
Natyrisht, Karl, natyrisht! E thashë duke pyetur në kërshëri. Më thuaj të tjera si këto. Më pëlqen shumë kur të dëgjoj që flet kështu. Tregomë akoma!

BASHKËSHORTI
Çfarë?

ZONJËZA
Mbi këto krijesa, pra.

BASHKËSHORTI
Je në vete?

ZONJËZA
Por unë të kam kërkuar që kohë më parë, a të kujtohet, që në fillim të martesës, të jam lutur gjithmonë të më tregoje diçka për rininë tënde.

BASHKËSHORTI
E pse të intereson kjo?

ZONJËZA
A nuk je ti bashkëshorti im? Dhe a nuk është e padrejtë që unë nuk di asgjë për të kaluarën tënde?

BASHKËSHORTI
Nuk besoj se më mban për aq pa shije sa që të... Mjaft, Ema... do ishte si një përdhosje banale.

ZONJËZA
E megjithatë, ti ke... kush e di se sa gra të tjera ke

mbajtur në krahë, si mua tani.

BASHKËSHORTI
Mos thuaj "gra". Ti je gruaja!

ZONJËZA
Por një pyetjeje duhet të m'i përgjigjesh... përndryshe... përndryshe... harroje muajin e mjaltit.

BASHKËSHORTI
Pse kështu flitet...? Mendo, se je edhe nënë... se vajza jonë po fle aty...

ZONJËZA
(I struket më shumë.) Por dëshiroj edhe një djalë, ama.

BASHKËSHORTI
Ema!

ZONJËZA
Mos u bëj qesharak tani... sigurisht që jam jot shoqe... por dua të jem edhe... e dashura jote.

BASHKËSHORTI
Vërtet...?

ZONJËZA
Atëherë... së pari pyetja ime.

BASHKËSHORTI
(I nënshtruar.) Më thuaj.

ZONJËZA
Kishte ndonjë... grua të martuar... mes tyre?

BASHKËSHORTI
Pse? Çfarë do të thuash me këtë?

ZONJËZA
Ti e di më së miri se ç'dua të them.

BASHKËSHORTI
(I shqetësuar pak.) Ç'ta sjell ndër mend një pyetje të tillë?

ZONJËZA
Dua të di, nëse ka... domethënë... gra të tilla ka... e

di. Por nëse ti ke... ?

BASHKËSHORTI
(Serioz.) Njeh vërtet një grua të tillë?

ZONJËZA
Po, por nuk e njoh personalisht...

BASHKËSHORTI
Ka ndonjë të tillë mes shoqeve të tua?

ZONJËZA
Si mund ta them me siguri nëse ka apo nuk ka?

BASHKËSHORTI
Ndonjë nga shoqet e tua... gratë flasin për plot gjëra kur ndodhen midis tyre... a të ka rrëfyer ndonjëra...?

ZONJËZA
(E pasigurt.) Jo!

BASHKËSHORTI
Dyshon se ndonjëra nga shoqet e tua...

ZONJËZA
Dyshim... hëm... dyshoj.

BASHKËSHORTI
Siç duket...

ZONJËZA
Jo, sigurisht që jo Karl. Tani që sjell ndërmend bisedat me to, mendoj se asnjëra...

BASHKËSHORTI
Asnjëra?

ZONJËZA
Nga shoqet e mia: askush.

BASHKËSHORTI
Më premto diçka, Ema.

ZONJËZA
Më thuaj.

BASHKËSHORTI
Që nuk do të mbash kurrë shoqëri me një grua, për të cilën ke edhe dyshimin më të vogël se... nuk bën

një jetë krejtësisht të patëmetë.

ZONJËZA
Duhet të ta premtoj vërtet?

BASHKËSHORTI
E di mirë që nuk do kërkosh shoqëri me gra të tilla. Por rastësisht mund të ndodhë që ti... Po, madje është shumë e zakonshme që pikërisht të tilla gra, reputacioni i të cilave nuk është ndër më të mirët, të kërkojnë shoqërinë e grave të denja si ti, për t'i dhënë vetes një lehtësim, pjesërisht nga një... si mund të ta them... nga njëfarë malli për virtytin e humbur.

ZONJËZA
Vërtet?

BASHKËSHORTI
Po. Mendoj se ajo që thashë, është shumë e saktë. Mall për virtytin. Sepse, që këto gra janë në të vërtetë shumë të pakënaqura, këtë mund të ma besosh.

ZONJËZA
Pse?

BASHKËSHORTI
Edhe më pyet?! Si mund të pyesësh për këtë? Vetëm imagjino se ç'lloj jete bëjnë këto gra! Plot gënjeshtra, ligësi, vulgaritet dhe rrezik.

ZONJËZA
Natyrisht që po. Për këtë të jap të drejtë.

BASHKËSHORTI
Vërtet... paguajnë për atë pakëz lumturi... atë pak...

ZONJËZA
Kënaqësi.

BASHKËSHORTI
Kënaqësi? Si del në këtë përfundim që ta quash "kënaqësi"?

ZONJËZA
Epo... diçka të këndshme duhet të ketë në të...! Përndryshe s'do ta bënin.

BASHKËSHORTI
Nuk ka asgjë... është thjesht dehje.

ZONJËZA
(Zhytur në mendime.) Dehje...

BASHKËSHORTI
Jo, nuk mund ta quash as dehje. Si gjithnjë, paguhet shtrenjtë; kjo është e sigurt!

ZONJËZA
Të ka ndodhur edhe ty kjo... apo jo?

BASHKËSHORTI
Po, Ema. Dhe është një nga pendesat e mia më të mëdha.

ZONJËZA
Kush ishte ajo? Ma thuaj, a e njoh?

BASHKËSHORTI
Je në vete?

ZONJËZA
Ka ndodhur kohë më parë? Shumë kohë para se të martoheshe me mua?

BASHKËSHORTI
Mos më pyet. Të lutem, mos pyet.

ZONJËZA
Por, Karl...

BASHKËSHORTI
Ka vdekur.

ZONJËZA
Seriozisht?

BASHKËSHORTI
Po... Tingëllon gati qesharake, por kam një ndjesi se të gjitha këto gra vdesin në moshë të re.

ZONJËZA
A e deshe shumë?

BASHKËSHORTI
Nuk dashurohesh pas gënjeshtareve.

ZONJËZA
Pse pra...

BASHKËSHORTI
Dehje...

ZONJËZA
Vërtet?

BASHKËSHORTI
Mos fol më për këtë, të lutem. Të shkuara të harruara! Kam dashur vetëm një grua dhe kjo je ti. Njeriu dashurohet veç aty ku ka dëlirësi dhe sinqeritet.

ZONJËZA
Karl!

BASHKËSHORTI
Oh, sa i sigurt, sa komod ndihesh në krahë të tillë. Pse nuk të njoha që kur ishe fëmijë? Besoj se nuk do ia kisha hedhur sytë asnjë gruaje tjetër.

ZONJËZA
Karl!

BASHKËSHORTI
Dhe sa e bukur je!... E bukur!... Oh, eja... *(Fik dritën.)*

ZONJËZA
E di se ku më shkon mendja sonte?

BASHKËSHORTI
Ku, e dashura ime?

ZONJËZA
Në... në... në Venecia.

BASHKËSHORTI
Nata jonë e parë...

ZONJËZA
Po... atëherë...

BASHKËSHORTI
Ç'mendove? Ma thuaj!

ZONJËZA
Ti më doje kaq shumë sa sot.

BASHKËSHORTI
Po, kaq shumë.

ZONJËZA
Ah sikur... ti përherë...

BASHKËSHORTI
(Në krahët e saj.) Nëse unë, çfarë?

ZONJËZA
Karli im!

BASHKËSHORTI
Ç'do të thuash...? Nëse unë përherë...?

ZONJËZA
Po.

BASHKËSHORTI
Atëherë, çfarë... sikur unë përherë ...?

ZONJËZA
Atëherë, përherë do ta dija që ti më do.

BASHKËSHORTI
Po. Por ti e di këtë edhe pa ta thënë. Nuk mundesh të jesh gjithmonë dashnor i mirë, duhet të dalësh herë pas here jashtë, në botën armiqësore, të luftosh dhe të ngulmosh të arrish diçka! Kurrë mos e harro këtë, vogëlushja ime! Çdo gjë ka kohën e vet në martesë; kjo është bukuria e saj. Nuk ka shumë nga ata që kujtojnë Venecian e tyre edhe pas pesë vjetësh.

ZONJËZA
E vërtetë!

BASHKËSHORTI
Dhe tani... natën e mirë, vogëlushja ime!

ZONJËZA
Natën e mirë!

DIALOGU I GJASHTË

BASHKËSHORTI DHE ZONJUSHA

Një dhomë private në Riedhof[16]. Elegancë e rehatshme, mesatare. Soba me gaz flakëron.

Mbi tryezë duken të mbeturat e një vakti; Obersschaumbaisers[17], fruta, djathë. Në gota, një verë e bardhë hungareze.

BASHKËSHORTI
(Po pi një puro Havana, mbështetur në cep të divanit.)

ZONJUSHA
(Ulur pranë tij në kolltuk, ha me lugë shkumën e sipërme nga ëmbëlsira që e rrufit me kënaqësi.)

BASHKËSHORTI
Të pëlqen?

ZONJUSHA
(Pa ndalur ngrënien.) Oh!

BASHKËSHORTI
Do edhe një?

ZONJUSHA
Jo, edhe kaq është tepër.

BASHKËSHORTI
S'paske më verë. *(I mbush gotën.)*

ZONJUSHA
Jo... mos... Nuk do ta pi dot.

BASHKËSHORTI
Pse je kaq e ndrojtur?

---

16. *Restorant me dhoma të ndara e të posaçme intimiteti, në rajonin e tetë të Josefstadt, i populluar nga shtresa e borgjezisë së vogël.*
17. *Një lloj ëmbëlsire. Obers: ajkë e rrahur; Schaum: shkumë; Baiser: pastë e bërë nga e bardha e vezëve dhe sheqer; pastë me dy gjysmësfera të mbushura me ajkë të rrahur.*

ZONJUSHA
Vërtet? Epo do kohë të afrohesh me dikë.

BASHKËSHORTI
Eja ulu afër meje.

ZONJUSHA
Që tani... nuk jam gati akoma.

BASHKËSHORTI
(Ngrihet dhe del pas karriges së saj; e rrethon me krahë dhe ja kthen kokën nga vetja.)

ZONJUSHA
Ë...

BASHKËSHORTI
Dua një puthje.

ZONJUSHA
(E puth.) Jeni... më falni, por si guxoni?!

BASHKËSHORTI
Ja, siç po e shihni.

ZONJUSHA
Eh, jo. Këtë e dija që herët... që në rrugë. Por ju duhet...

BASHKËSHORTI
Çfarë?

ZONJUSHA
Duket se keni mendime të mira për mua.

BASHKËSHORTI
Pse e thoni këtë?

ZONJUSHA
Sepse ju ndoqa menjëherë nga pas në një sallë ngrënie private.

BASHKËSHORTI
Eh, nuk mund të thuash "menjëherë".

ZONJUSHA
Por vërtet, ma kërkuat shumë mirësisht.

BASHKËSHORTI

Vërtet?

ZONJUSHA

Në fund të fundit, ç'të keqe ka?

BASHKËSHORTI

Sigurisht.

ZONJUSHA

S'ka rëndësi nëse dalim një shëtitje apo...

BASHKËSHORTI

Por është edhe shumë ftohtë për shëtitje.

ZONJUSHA

Po, ish vërtet ftohtë.

BASHKËSHORTI

Këtu ama është ngrohtë dhe këndshëm. *(Ulet përsëri. E rrethon me krahë dhe e tërheq nga vetja.)*

ZONJUSHA

(Pa këmbëngulje.) Mos.

BASHKËSHORTI

Më thuaj... Më vure re që më parë, apo jo?

ZONJUSHA

Sigurisht. Disa rrugica para se të më flisje.

BASHKËSHORTI

Nuk e kam fjalën për sot. Dua të them dje ose pardje, kur po të ndiqja.

ZONJUSHA

Mua më ndjekin shumë...

BASHKËSHORTI

E imagjinoj... por, pyes a më vutë re?

ZONJUSHA

E dini... ah... e dini çfarë më ndodhi tani vonë? Bashkëshorti i kushërirës sime më ndoqi në errësirë dhe nuk më njohu.

BASHKËSHORTI

A ju foli?

ZONJUSHA
Si thoni ju? Mendoni se gjithkush është aq i guximshëm sa ju?

BASHKËSHORTI
Po edhe ndodh...

ZONJUSHA
Sigurisht që ndodh.

BASHKËSHORTI
Edhe, si reagoni?

ZONJUSHA
Asgjë... thjesht s'kthej përgjigje.

BASHKËSHORTI
Hëm ... por ama mua m'u përgjigjët.

ZONJUSHA
Ju vjen ndoshta keq...?

BASHKËSHORTI
(E puth dhunshëm.) Buzët e tua kanë shijen e kremit të kekut.

ZONJUSHA
Oh, janë të ëmbla nga natyra.

BASHKËSHORTI
Besoj ta kanë thënë shumë këtë?

ZONJUSHA
Shumë! Çfarë imagjinoni ju!

BASHKËSHORTI
Tani tregohuni e sinqertë. Sa e kanë puthur këtë gojë para meje?

ZONJUSHA
Pse më pyesni? Nuk do të më besonit edhe po t'jua thosha!

BASHKËSHORTI
Pse jo?

ZONJUSHA
Gjejeni atëherë.

BASHKËSHORTI
Mirë, do përpiqem ta gjej sa, por nuk do më zemëroheni?

ZONJUSHA
E pse të zemërohem?

BASHKËSHORTI
Epo, me hamendje them... njëzet.

ZONJUSHA
(I ikën nga krahët.) Ua – pse nuk e bëjmë njëqind më mirë?

BASHKËSHORTI
Unë thjesht hamendësova, pra...

ZONJUSHA
Nuk gjetët gjë.

BASHKËSHORTI
Atëherë... dhjetë.

ZONJUSHA
(E fyer.) Patjetër. Një vajzë që e lejon veten t'i flasin në rrugë dhe pastaj shkon drejt e në një dhomë private ngrënieje...!

BASHKËSHORTI
Mos u bëni qesharake. Qoftë duke shëtitur nëpër rrugë apo ulur në një dhomë si kjo... jemi në restorant. Në çdo moment mund të hyjë kamerieri; asgjë të jashtëzakonshme s'ka në këtë mes...

ZONJUSHA
Edhe unë këtë mendova.

BASHKËSHORTI
Keni qenë ndonjëherë në një dhomë ngrënieje private, si kjo?

ZONJUSHA
Nëse duhet të them të vërtetën: po.

BASHKËSHORTI
E shihni? Më pëlqen që të paktën tregoheni e sinqertë me mua.

ZONJUSHA
Por ama jo ashtu siç e mendoni ju. Isha në dhomën private të ngrënies me një shoqe dhe të fejuarin e saj, këtë vit, gjatë karnavalit.

BASHKËSHORTI
Nuk është ndonjë fatkeqësi nëse keni qenë ndonjëherë me të dashurin.

ZONJUSHA
Sigurisht që nuk është ndonjë fatkeqësi, por nuk kam as ndonjë të dashur...

BASHKËSHORTI
Eee... nuk e besoj.

ZONJUSHA
Ju betohem, s'kam kurrkënd.

BASHKËSHORTI
Nuk prisni që të besoj se unë...

ZONJUSHA
Të besoni çfarë...? Asnjë s'kam... të paktën për më shumë se gjysmë viti.

BASHKËSHORTI
Ah, vërtet...? Po më parë? Kë kishit?

ZONJUSHA
Pse jeni kaq kurioz?

BASHKËSHORTI
Jam kurioz, sepse ju dua.

ZONJUSHA
Vërtet?

BASHKËSHORTI
Sigurisht. Duhet ta keni kuptuar tani. Andaj, më tregoni. *(E shtrëngon fort pas vetes.)*

ZONJUSHA
E çfarë t'ju tregoj?

BASHKËSHORTI
Mos më mbani në ankth tani! Kush ishte, dua ta di.

ZONJUSHA
(Duke qeshur.) Epo, thjesht një burrë tjetër.

BASHKËSHORTI
Mirë pra... kush?

ZONJUSHA
Ngjante paksa me ju.

BASHKËSHORTI
Vërtet?

ZONJUSHA
Sikur mos i ngjanit aq shumë atij...

BASHKËSHORTI
Çfarë...?

ZONJUSHA
Mos pyesni pra, kur e shihni se...

BASHKËSHORTI
(E kupton.) Ndaj më lejuat t'ju flas...

ZONJUSHA
Po, pra.

BASHKËSHORTI
Vërtet që s'po di tani, duhet të gëzohem apo mërzitem.

ZONJUSHA
Po të isha në vendin tuaj, do gëzohesha.

BASHKËSHORTI
Mirë pra.

ZONJUSHA
Edhe kur flisni ma kujtoni atë... edhe në mënyrën se si vështroni...

BASHKËSHORTI
Çfarë ishte ai?

ZONJUSHA
Pastaj, edhe sytë...

BASHKËSHORTI
Si quhej?

ZONJUSHA
Jo, mos më shikoni ashtu, ju lutem!

BASHKËSHORTI
(E përqafon. Një puthje e gjatë, e nxehtë.)

ZONJUSHA
(Dridhet. Përpiqet të ngrihet.)

BASHKËSHORTI
Pse po më largoheni?

ZONJUSHA
Erdhi koha të kthehemi në shtëpi.

BASHKËSHORTI
Më vonë.

ZONJUSHA
Jo, vërtet duhet të shkoj në shtëpi. Ç'mendoni se do të më thotë nëna?

BASHKËSHORTI
Ju banoni me nënën?

ZONJUSHA
Natyrisht që banoj me nënën. Pse, çfarë menduat?

BASHKËSHORTI
Pra, në shtëpi me nënën... Vetëm me të.

ZONJUSHA
Natyrisht, vetëm! Jemi pesë fëmijë! Dy djem dhe dy vajza të tjera.

BASHKËSHORTI
Mos u ulni kaq larg meje. Ju jeni më e madhja?

ZONJUSHA
Jo, jam e dyta. E para është Kati; punon në dyqan, në një dyqan lulesh. Pastaj vij unë.

BASHKËSHORTI
Ju ku jeni?

ZONJUSHA
Ku tjetër? Në shtëpi.

BASHKËSHORTI
Gjithmonë?

ZONJUSHA
Epo, një nga ne duhet të rrijë në shtëpi.

BASHKËSHORTI
Natyrisht, por... çfarë do i thoni nënës kur të ktheheni vonë në shtëpi sot?

ZONJUSHA
Kjo ndodh shumë rrallë.

BASHKËSHORTI
Për shembull, sot. Do t'ju pyesë nëna, apo jo?

ZONJUSHA
Sigurisht që do më pyesë. Të kujdesem sa të dua kur kthehem në shtëpi, gjithnjë zgjohet.

BASHKËSHORTI
Atëherë, ç'do t'i thoni?

ZONJUSHA
...që isha në teatër, de.

BASHKËSHORTI
Thua se do t'ju besojë?

ZONJUSHA
E pse mos më besojë? Shkoj shpesh në teatër. Madje të dielën isha në opera me shoqen time, të fejuarin e saj dhe me vëllain tim të madh.

BASHKËSHORTI
Ku i gjetët biletat?

ZONJUSHA
Im vëlla është parukier.

BASHKËSHORTI
Ah po, parukier... besoj parukier në teatër.

ZONJUSHA
Pse po më merrni në pyetje kështu?

BASHKËSHORTI
Thjesht më intereson. Po vëllai tjetër me çfarë merret?

ZONJUSHA
Është ende në shkollë. Dëshiron të bëhet mësues. A ku di unë... diçka e tillë!

BASHKËSHORTI
Dhe përveç tyre keni edhe një motër të vogël?

ZONJUSHA
Po, ajo është një mistrece, që tani duhet bërë kujdes për të. As që s'e keni idenë si prishen vajzat sot në shkollë! Eh, ta dini! Së fundmi e zura mat në një takim.

BASHKËSHORTI
Ç'thua?

ZONJUSHA
Po! Me një djalë nga shkolla përballë rrugës, shëtiste në mbrëmje, në orën shtatë e gjysmë, në *Strozzigasse*[18]. Ç'mistrece!

BASHKËSHORTI
Po ju si reaguat?

ZONJUSHA
E si, i hëngri ca shuplaka në të ndenjura!

BASHKËSHORTI
Kaq e rreptë jeni vërtet?

ZONJUSHA
Epo, kush të jetë? E madhja është në dyqan, nëna s'bën gjë tjetër veçse ankohet; gjithë barra mbetet mbi mua.

BASHKËSHORTI
O Zot, sa e mirë jeni! *(E puth dhe bëhet më sentimental.)* Edhe ju më kujtoni dikë.

ZONJUSHA
Vërtet, kë?

BASHKËSHORTI
Asnjë të veçantë... kohën... pra, thjesht rininë time. Eja, pini tani, vogëlushja ime!

---
18. Rrugë në rajonin e tetë të Vjenës.

ZONJUSHA
Po ju, sa vjeç jeni? Po... vërtet... nuk ju di as emrin.

BASHKËSHORTI
Karl.

ZONJUSHA
Vërtet, Karl quheni?

BASHKËSHORTI
Edhe ai, Karl quhej?

ZONJUSHA
Jo, jo, por është vërtet habi... është... e pamundur, sytë... Mënyra se si më shihni... *(Tund kokën.)*

BASHKËSHORTI
Kush ishte ai pra, ende nuk ma keni thënë.

ZONJUSHA
Ishte një njeri i lig; kjo është e sigurt, përndryshe nuk do më linte.

BASHKËSHORTI
E deshët shumë?

ZONJUSHA
Sigurisht që e doja!

BASHKËSHORTI
E di tani çfarë ishte, toger.

ZONJUSHA
Jo, nuk ishte ushtarak. Nuk e pranuan. Babai i tij ka një shtëpi në... por ç'ju intereson juve kjo?

BASHKËSHORTI
(E puth.) I paskeni sytë gri; në fillim m'u dukën se ishin të zinj.

ZONJUSHA
Epo, nuk janë të bukur sa duhet?

BASHKËSHORTI
(I puth sytë.)

ZONJUSHA
Jo, jo, nuk duroj dot më... oh, ju lutem! O Zot... jo,

më lini të ngrihem... veç për një moment... ju lutem!

BASHKËSHORTI
(*Më me ledha.*) Oh, jo!

ZONJUSHA
Oh, Karl, ju lutem...!

BASHKËSHORTI
Sa vjeç jeni? Tetëmbëdhjetë?

ZONJUSHA
Sapo i lashë të nëntëmbëdhjetat.

BASHKËSHORTI
Nëntëmbëdhjetë... kurse unë...

ZONJUSHA
Ti je tridhjetë...

BASHKËSHORTI
Shtoi dhe ca. Ta lëmë këtë temë më mirë.

ZONJUSHA
Edhe ai tridhjetë e dy ishte kur e njoha.

BASHKËSHORTI
Sa kohë më parë qe kjo?

ZONJUSHA
S'e di më... Dëgjoni, më duket se vera ka diçka...

BASHKËSHORTI
Pse e mendon këtë?

ZONJUSHA
Jam komplet... s'e di... gjithçka përreth po më vërtitet.

BASHKËSHORTI
Atëherë mbahuni fort tek unë. Kështu... (*E tërheq pas vetes dhe e mbush me ledha, ajo vështirë se e kundërshton.*) Do t'ju them diçka, e dashura ime, tani mund të ikim.

ZONJUSHA
Po... në shtëpi.

BASHKËSHORTI
Jo tamam për në shtëpi...

ZONJUSHA
Çfarë do të thoni me këtë?... Oh jo, jo... nuk shkoj askund tjetër. Ç'mendoni se jam?

BASHKËSHORTI
Dëgjoni, vogëlushja ime, kur të takohemi herën tjetër, e di, do të përgatitemi në mënyrë që... *(Bie përdhe dhe vë kokën në prehrin e saj.)* Kështu është kaq mirë, oh, sa këndshëm.

ZONJUSHA
Ç'po bëni kështu? *(I puth flokët.)* Duhet të ketë pasur diçka vera, ndihem kaq e përgjumur... Ç'do të ndodhë nëse nuk ngrihem dot më? Por... por... shikoni Karl... po nëse hyn ndokush këtu... ju lutem... sikur kamerieri.

BASHKËSHORTI
Askush... asnjë kamerier nuk vjen... këtu...

ZONJUSHA
(Mbështetur në cep të divanit, symbyllur.)

BASHKËSHORTI
(Vërtitet lart e poshtë në dhomën e vogël, pasi ndez një cigare. Heshtje e gjatë.)

BASHKËSHORTI
(E vëzhgon gjatë vajzën dhe flet me vete.) Kush e di se ç'lloj njeriu është në të vërtetë... Ta marrë dreqi... Kaq shpejt... Nuk u tregova shumë i kujdesshëm... Hëm...

ZONJUSHA
(Pa hapur sytë.) Duhet të ketë pasur diçka në verë.

BASHKËSHORTI
Pse?

ZONJUSHA
Ndryshe...

BASHKËSHORTI
Pse ia hedh gjithë fajin verës... ?

ZONJUSHA
Ku je? Pse më rri kaq larg? Eja tek unë.

BASHKËSHORTI
(Shkon ulet pranë saj.)

ZONJUSHA
Tani, më thuaj, a më dashuron vërtet?

BASHKËSHORTI
Por ti e di... *(ia ndërpret fjalën shpejt.)* Sigurisht!

ZONJUSHA
A e di... por është... eja, më thuaj të vërtetën, çfarë kishte në verë?

BASHKËSHORTI
Vërtet mendon se do të të drogoja... me verë?

ZONJUSHA
Po shih... nuk kuptoj. Nuk jam kësi lloj... Bashkë njihemi vetëm që prej... I dashur, nuk jam e tillë... për shpirtin tim e për zotin... nëse mendon kështu për mua.

BASHKËSHORTI
Pse shqetësohesh për këtë? Nuk mendoj asgjë të keqe për ty. Mendoj thjesht se ti më dëshiron.

ZONJUSHA
Po...

BASHKËSHORTI
Fundja, kur dy të rinj janë vetëm në një dhomë, darkojnë dhe pinë verë... nuk nevojitet të ketë diçka në verë.

ZONJUSHA
E thashë thjesht ashtu kot.

BASHKËSHORTI
Po, përse?

ZONJUSHA
(Me pak inat.) Sepse më erdhi turp.

BASHKËSHORTI
Kjo është qesharake. Nuk ke asnjë arsye. Aq më tepër që të kujtoj dhe të dashurin tënd të parë.

VAJZA ËMBËL
Po.

BASHKËSHORTI
Të parin...

ZONJUSHA
E po ç't'i bësh...

BASHKËSHORTI
Tani dua të di, kush ishin të tjerët?

ZONJUSHA
S'ka të tjerë.

BASHKËSHORTI
Kjo nuk është e vërtetë, nuk mund të jetë e vërtetë.

ZONJUSHA
Të lutem, mos më torturo!

BASHKËSHORTI
Do një cigare?

ZONJUSHA
Jo, faleminderit!

BASHKËSHORTI
E di sa vajti ora?

ZONJUSHA
Sa?

BASHKËSHORTI
Njëmbëdhjetë e gjysmë.

ZONJUSHA
Vërtet?

BASHKËSHORTI
Po... po nëna? Është mësuar me këto vonesa, apo jo?

ZONJUSHA
Vërtet dëshiron të më dërgosh në shtëpi?

BASHKËSHORTI
Por, ti vetë the më parë...

ZONJUSHA
Ik tani, ndryshove komplet. Çfarë të bëra?

BASHKËSHORTI
Vogëlushe! Çfarë ke tani, çfarë imagjinoje se...?

ZONJUSHA
Ta dish që ishte veç pamja jote, besomë, ndryshe do kishe pritur gjatë... shumë më luten të shkoj me ta nëpër restorante.

BASHKËSHORTI
Tani! A do... të vish së shpejti këtu me mua... apo diku tjetër?

ZONJUSHA
Nuk e di!

BASHKËSHORTI
Çfarë do të thotë kjo "Nuk e di"?

ZONJUSHA
Epo, si fillim pse nuk lë një takim?

BASHKËSHORTI
Atëherë, kur? Mbi të gjitha, dua të të sqaroj se nuk jetoj në Vjenë. Vij këtu vetëm kohë pas kohe për disa ditë.

ZONJUSHA
Ah..., nuk je vjenez?

BASHKËSHORTI
Vjenez jam, por tani jetoj në periferi...

ZONJUSHA
Ku?

BASHKËSHORTI
Ah Zot, ç'rëndësi ka kjo!

ZONJUSHA
Epo, mos ki frikë, nuk do të të vij atje, jo.

BASHKËSHORTI
Nëse të pëlqen mundesh edhe të vish. Jetoj në Grac.

ZONJUSHA

Seriozisht?

BASHKËSHORTI

Epo, pse të habit kjo?

ZONJUSHA

Je i martuar, apo jo?

BASHKËSHORTI

(Jashtëzakonisht i habitur.) Ç'të bën ta mendosh këtë?

ZONJUSHA

Ashtu më dukesh.

BASHKËSHORTI

Dhe nuk turpërohesh aspak?

ZONJUSHA

Do preferoja të ishe beqar... Por ja që je i martuar!

BASHKËSHORTI

Më trego, të lutem, si e kuptove?

ZONJUSHA

Nëse dikush thotë se nuk jeton në Vjenë dhe se nuk ka gjithmonë kohë...

BASHKËSHORTI

Por kjo nuk është ndonjë gjë e pamundur...

ZONJUSHA

Nuk të besoj.

BASHKËSHORTI

...dhe do të të vriste ndërgjegjja që po josh një burrë të martuar të tradhtojë?

ZONJUSHA

Eh, i dashur, jam e sigurt që edhe gruaja jote vepron si ti.

BASHKËSHORTI

(Shumë i indinjuar.) U mbush kupa! Nuk të lejoj të më thuash të tilla gjëra.

ZONJUSHA
Ti sikur nuk kisha grua...

BASHKËSHORTI
Pavarësisht nëse kam apo jo, nuk bëhen vërejtje të tilla. *(Ngrihet.)*

ZONJUSHA
Karl... Karl, ç'pate? U inatose? Shiko, vërtet nuk e dija që ishe i martuar. Thjesht po flisja... ashtu. Eja, eja tani... mos u mërzit.

BASHKËSHORTI
(I vjen pranë pas disa sekondash.) Jeni vërtet krijesa të çuditshme ju... femrat. *(Sërish me ledha në krahët e saj.)*

ZONJUSHA
Ndalu... mos... Tani është shumë vonë.

BASHKËSHORTI
Atëherë, më dëgjo me vëmendje. Të flasim seriozisht tani. Dua të të shoh përsëri; të shoh sërish dhe shpesh.

ZONJUSHA
Vërtet?

BASHKËSHORTI
Po, por për këtë është e nevojshme që... duhet të të besoj, por ama nuk mund të kujdesem për ty.

ZONJUSHA
Ah, kujdesem vetë për veten.

BASHKËSHORTI
Ti je... atëherë... nuk mund të thuash pa përvojë, por je e re dhe... burrat, në përgjithësi, janë të paskrupullt.

ZONJUSHA
Obobo!

BASHKËSHORTI
Nuk e kam fjalën vetëm në kuptimin moral. Tani, jam i sigurt se më kupton.

ZONJUSHA
Më thuaj, ç'mendon për mua?

BASHKËSHORTI
Pra... nëse do të më dëshirosh... vetëm mua, mund të sajohemi. Edhe pse zakonisht jetoj në Grac. Në një vend si ky, ku dikush mund të hyjë në çdo moment... nuk është shumë i përshtatshëm.

ZONJUSHA
(E përqafon.)

BASHKËSHORTI
Herën tjetër... do shkojmë diku gjetkë, apo jo?

ZONJUSHA
Po.

BASHKËSHORTI
Ku të jemi vetëm fare.

ZONJUSHA
Po.

BASHKËSHORTI
(E përqafon zjarrtë.) Për më tej, do flasim udhës për në shtëpi. *(Ngrihet, hap derën.)* Kamerier... faturën!

DIALOGU I SHTATË

ZONJUSHA DHE POETI

Një dhomë e vogël, e mobiluar me një shije komode. Perde, që e bëjnë dhomën gjysmë errësirë. Perdja e tejdukshme me ngjyrë të kuqe. Tavolinë e madhe, mbi të cilën gjenden letra dhe libra të shpërndarë. Një piano pranë murit. Zonjusha. Poeti. Hyjnë bashkë. Poeti mbyll derën pas vetes.

POETI
Pra, e dashura ime. *(E puth.)*

ZONJUSHA
(Me kapelë dhe mantel.) Ah! Sa bukur qenka këtu! Veçse, nuk shihet asgjë!

POETI
Duhet të të mësohen sytë me gjysmerrësirën. Këta sy të ëmbël. *(I puth sytë.)*

ZONJUSHA
Nuk do kenë kohë të mjaftueshme sytë e ëmbël.

POETI
Pse jo?

ZONJUSHA
Sepse veç një moment do rri.

POETI
Por kapelën mund ta heqësh, apo jo?

ZONJUSHA
Veç për atë një minutë?

POETI
(I heq gjilpërën nga kapela dhe ia vë kapelën mënjanë.) Po mantelin?

ZONJUSHA
Ç'thua? Duhet të iki tani.

POETI
Por duhet të çlodhesh ca! Kemi tri orë që ecim.

ZONJUSHA

Me karrocë, do të thuash...

POETI

Po, për në shtëpi, por ama në *Weidling am Bach*[19] shëtitëm rreth tri orë. Ulu tani, vogëlushja ime... ku të duash... këtu në tryezën e shkrimit... ose jo, më mirë jo, nuk është e rehatshme. Ulu në divan. Kështu. *(E ul poshtë.)* Nëse ndihesh shumë e lodhur, edhe mund të shtrihesh. Kështu! *(E shtrin në divan.)* Ja kështu; kokën mbi jastëk.

ZONJUSHA

(Me të qeshur.) Por nuk ndihem e lodhur fare!

POETI

Ashtu të duket. Kështu dhe nëse je e përgjumur, edhe mund të flesh. Nuk do bëj zë. Veç kësaj, mund të të luaj një ninullë... nga të miat... *(Shkon te pianoja.)*

ZONJUSHA

Nga të tuat?

POETI

Po.

ZONJUSHA

Unë mendoja, Robert, se ti je profesor.

POETI

Pse? Të kam thënë që jam shkrimtar. Ç'të bëri të mendosh ashtu?

ZONJUSHA

Shkrimtarët janë të gjithë profesorë.

POETI

Jo, jo të gjithë. Unë për shembull, jo. Por ç't'u kujtua tani?

ZONJUSHA

Sepse the se pjesa që do të luash është e jotja.

---

19. Vend në perëndim të Vjenës.

POETI

Po... mbase është e mbase s'është. S'ka fare rëndësi. S'ka rëndësi fare se kush e ka kompozuar. E rëndësishme që është e bukur, apo jo?

ZONJUSHA

Sigurisht... duhet të jetë e bukur; kjo është kryesorja!

POETI

A e di, se ç'dua të them me këtë?

ZONJUSHA

Me çfarë?

POETI

Me atë që sapo thashë, pra.

ZONJUSHA

(E përgjumur.) Po, sigurisht.

POETI

(Ngrihet, shkon drejt saj dhe i ledhaton flokët.) Asnjë fjalë s'e kuptove, ë!?

ZONJUSHA

Nuk jam aq budallaqe.

POETI

Sigurisht që je. Por, kjo është arsyeja pse të dua. Ah, sa bukur është kur vajzat janë budallaqe. Dua të them... kështu si ti.

ZONJUSHA

Mirë, mirë, por po thua gjëra kot.

POETI

Engjëllushe, e vogël. A s'ndihesh rehatshëm mbi këtë mbulesë të butë kolltuku, persiane?

ZONJUSHA

Oh po! Nuk do na luash diçka tjetër në piano?

POETI

Jo, preferoj të rri këtu me ty. *(E ledhaton.)*

ZONJUSHA

Nuk do ish më mirë ta ndizje llambën?

POETI

O jo... Kjo errësirë të bën kaq mirë. Bëmë, si thuash, banjë sot me rrezet e diellit, gjithë ditën. Tani dolëm, të themi, nga ajo banjë dielli dhe veshëm... muzgun si penuar *(Qesh.)* Ah jo, kjo duhet thënë ndryshe... A nuk mendon kështu?

ZONJUSHA

Nuk e di.

POETI

(Largohet pakëz prej saj.) Ky budallallëku yt është hyjnor! *(Merr një bllok shënimesh dhe shkruan disa fjalë në të.)*

ZONJUSHA

Çfarë po bën? *(Kthehet nga ai.)* Çfarë po shkruan?

POETI

(Butësisht.) Diell, banjë, muzg, pelerinë... kështu... *(E fut bllokun e shënimeve në xhep. Ngre zërin.)*... Tani më thuaj, e dashur, nuk dëshiron të hash, apo të pish diçka?

ZONJUSHA

Etje, në fakt, s'kam. Veç pak uri.

POETI

Hëm... do preferoja të kishe etje. Kam ca konjak në shtëpi, ndërsa ushqimin më duhet ta marr jashtë.

ZONJUSHA

Nuk dërgon dot kënd?

POETI

Pak e vështirë; shërbyesja ime s'ndodhet këtu tani... por prit... do shkoj vetë... Çfarë të pëlqen?

ZONJUSHA

Nuk ia vlen jo; më duhet të shkoj në shtëpi tani.

POETI

Vogëlushe! As që bëhet fjalë për këtë. Po të them edhe diçka: nëse ikim që këtu, do të shkojmë së bashku të darkojmë diku.

ZONJUSHA
Oh jo, s'kam kohë për këto. Përveç kësaj, ku do shkojmë? Mund të na shohë ndonjë i njohur.

POETI
Kaq shumë të njohur ke ti?

ZONJUSHA
Mjafton vetëm një për të hapur probleme.

POETI
Ç'probleme?

ZONJUSHA
Epo, ç'kujton ti, nëse sime ëme i vete në vesh diçka...

POETI
Mund të shkojmë diku, ku askush nuk na sheh; ka plot bujtina me dhoma private.

ZONJUSHA
(Duke kënduar.) Darkojmë në "chambre separée"!

POETI
A ke qenë ndonjëherë në një dhomë private restoranti?

ZONJUSHA
Nëse duhet të them të vërtetën: po.

POETI
Kush ishte fatlumi?

ZONJUSHA
Oh, nuk është si mendon ti... isha me një shoqe dhe të fejuarin e saj. Më morën me vete.

POETI
Ashtu! Dhe pret të ta besoj këtë?

ZONJUSHA
Pak rëndësi ka nëse beson!

POETI
(Afër saj.) U skuqe? S'shihet asgjë më! Nuk të dalloj dot tiparet. *(I prek faqet me të dyja duart.)* Por edhe kështu të njoh.

ZONJUSHA
Epo, ki kujdes, mos më ngatërrosh me dikë tjetër...

POETI
Sa e çuditshme; nuk më kujtohet më, ç'pamje ke.

ZONJUSHA
Shumë faleminderit!

POETI
(Serioz.) Është pothuajse e frikshme, as nuk e imagjinoj dot më se si dukesh. Në një farë kuptimi të kam harruar tashmë. Por, po të mos më kujtohej as tingulli i zërit tënd... ç'do të bëje atëherë? Afër dhe larg njëkohësisht... e frikshme.

ZONJUSHA
Ç'po llomotit kështu?

POETI
Asgjë, engjëlli im, asgjë. Ku janë buzët e tua...? *(E puth.)*

ZONJUSHA
Nuk do ish më mirë të ndiznim llambën?

POETI
Jo... *(E mbulon me ledha.)* Më thuaj, më do?

ZONJUSHA
Shumë... oh sa shumë!

POETI
Ke dashur ndokënd sa mua?

ZONJUSHA
Ta kam thënë edhe më parë që jo.

POETI
Por... *(Psherëtin.)*

ZONJUSHA
Ai ishte i fejuari im.

POETI
Preferoj të mos mendosh për të tani.

ZONJUSHA

Pse... ç'rëndësi ka... shiko...

POETI

Mund të imagjinojmë tani sikur ndodhemi në një pallat fisnik në Indi.

ZONJUSHA

Jam e sigurt se njerëzit atje s'janë kaq të këqij sa ti.

POETI

Idiotësi! Njëkohësisht hyjnore. Ah sikur ta merrje me mënd se ç'je për mua...

ZONJUSHA

Çfarë?

POETI

Mos më shty tej... Nuk do të të lëndoj.

ZONJUSHA

Më vret korseja.

POETI

Hiqe.

ZONJUSHA

Mirë, por ti duhet të sillesh mirë.

POETI

Sigurisht.

ZONJUSHA

(Ngrihet dhe heq korsenë në errësirë.)

POETI

(Ulet në divan.) Më thuaj, nuk të intereson aspak të dish se si quhem?

ZONJUSHA

Po, si quhesh?

POETI

S'po të tregoj, më mirë, emrin e vërtetë, por atë se si quaj veten.

ZONJUSHA

Ç'ndryshim ka?

POETI
E kam fjalën se si e quaj veten si shkrimtar.

ZONJUSHA
Ah, nuk shkruan me emrin e vërtetë?

POETI
(I afrohet.)

ZONJUSHA
Ah... ndal... mos.

POETI
Ah, me ç'aromë haset njeriu. Sa ëmbël. *(I puth gjoksin.)*

ZONJUSHA
Po me gris këmishën.

POETI
Hiqi... hiqi... të gjitha... janë të tepërta.

ZONJUSHA
Oh, Robert!

POETI
Tani hyr në pallatin tonë indian.

ZONJUSHA
Më thuaj së pari: vërtet më dashuron?

POETI
Të adhuroj! *(E puth me pasion.)* Të adhuroj, e dashura ime, pranvera ime... e imja...

ZONJUSHA
Robert... Robert...

POETI
Kjo ishte kënaqësi hyjnore... Emrin e vërtetë e kam...

ZONJUSHA
Robert, o Roberti im!

POETI
Veten e quaj Bibic.

ZONJUSHA
Pse e quan veten Bibic?

POETI
Nuk më quajnë Bibic; kështu quaj veten... por, nuk e ke dëgjuar më parë këtë emër?

ZONJUSHA
Jo.

POETI
S'e ke dëgjuar emrin Bibic? Ah, hyjnore! Vërtet? Po tallesh kur thua se nuk e ke dëgjuar, apo jo?

ZONJUSHA
Për shpirtin tim, s'e kam dëgjuar kurrë!

POETI
Nuk shkon ndonjëherë në teatër?

ZONJUSHA
O po, isha së fundmi në opera me një... e di ti, me xhaxhain e shoqes sime dhe me shoqen time, dëgjuam 'Cavalleria Rusticana'[20].

POETI
Hm, atëherë në *Burgtheater*[21] nuk shkon kurrë.

ZONJUSHA
Për atje s'më jepen kurrë bileta falas.

POETI
Do të të dërgoj unë një biletë së shpejti.

ZONJUSHA
Oh po! Por mos harro! Vetëm të jetë diçka gazmore.

POETI
Po... gazmore... diçka të trishtuar nuk do ta shohësh?

ZONJUSHA
Jo dhe aq.

---

20. *Bëhet fjalë për operën melodramatike "Cavalleria rusticana", me një akt, të Pietro Mascagni, premiera e së cilës shfaqet në Romën e vitit 1890.*
21. *Në atë kohë skena më e rëndësishme në Vjenë për teatrin e folur.*

POETI
Edhe nëse është një pjesë nga unë?

ZONJUSHA
Mos u tall! Një pjesë nga ty? Vërtet shkruan për teatrin?

POETI
Tani, dua të ndez një qiri. Nuk të kam parë që kur u bëre e dashura ime, o engjëll! *(Ndez një qiri.)*

ZONJUSHA
Mos, më vjen turp nga vetja. Të paktën më jep një batanije.

POETI
Më vonë! *(I afrohet me qiri në dorë, e sodit gjatë.)*

ZONJUSHA
(Mbulon fytyrën me duar.) Ik tani, Robert!

POETI
Je e bukur, je Bukuria vetë. Je ndoshta vetë Natyra, thjeshtësia e shenjtëruar.

ZONJUSHA
Obobo, po më pikon dyllë të shkrirë! Shiko, tregohu më i kujdesshëm tani!

POETI
(Largon qiriun.) Ti je ajo që kam kërkuar prej kohësh. Veç *mua* më do; do të më doje edhe sikur të isha një ndihmës i një dyqani trikotazhi. Kjo të bën të ndjehesh mirë. Dua të të pohoj se ende s'po heq dot qafe një dyshim. Thuamë sinqerisht, nuk të kish vajtur mendja se unë isha Bibic?

ZONJUSHA
Eh tani! Nuk e di se për çfarë po flet e kërkon nga unë. Nuk njoh asnjë Bibic.

POETI
Ç'është fama! Jo, harroi ato që thashë, madje harro edhe emrin që të përmenda. Për ty jam Roberti dhe dua të mbetem për ty njësoj. Po bëja veç shaka. *(Lehtë.)* Nuk jam shkrimtar, jam ndihmës dhe në

mbrëmje shoqëroj në piano këngëtarë folklorikë.

ZONJUSHA
Po, por tani s'po kuptoj më asgjë... jo dhe mënyra si vështron. Si është puna; çfarë ke tani?

POETI
Është sa e çuditshme që thuajse nuk më ka ndodhur kurrë, e dashura ime! Janë gati të më rrjedhin lotët çurkë. Po më prek thellë. Duhet të jetojmë bashkë, po? Do ta duam shumë njëri-tjetrin.

ZONJUSHA
E vërtetë kjo me këngëtarët folklorikë?

POETI
Po, por mos pyet më tej. Nëse më do, mos pyet më gjë. Thuamë, a mund të lirohesh plotësisht ca javë, ti kalojmë bashkë?

ZONJUSHA
Përse plotësisht?

POETI
Larg shtëpisë, pra?

ZONJUSHA
Absurde! Si do mundesha?! Çfarë do t'i thosha nënës? Dhe pastaj, pa mua, gjithçka do të kthehej përmbys në shtëpi.

POETI
E imagjinoj aq bukur, bashkë me ty, të jetonim disa javë, vetëm; diku në vetmi jashtë, në pyll, në natyrë. Natyrë... në natyrë. Dhe pastaj, një ditë prej dite, papritur: tungjatjeta... nga njëri-tjetri, pa ditur se ku shkojmë.

ZONJUSHA
Po flet që tani për tungjatjeta! Edhe unë që mendoja se më doje kaq shumë!

POETI
Tamam për këtë... *(Përkulet para saj dhe e puth në ballë.)* Ti, krijesë e ëmbël!

ZONJUSHA
Të lutem më shtrëngo, kam shumë ftohtë.

POETI
Mendoj se erdhi koha të vishesh. Prit, po të ndez edhe disa qirinj të tjerë.

ZONJUSHA
(Ngrihet.) Mos më shiko.

POETI
Jo. *(Në dritare.)* Më thuaj, vogëlushja ime, a je e lumtur?

ZONJUSHA
Në ç'kuptim më pyet?

POETI
Dua të them në përgjithësi, a je e lumtur?

ZONJUSHA
Mund të isha edhe më mirë.

POETI
Më keqkuptove. Më tregove mjaft për jetën tënde. E di që nuk je princeshë. Dua të them, pa marrë parasysh gjithë këto, a e ndjen veten gjallë? A e ndjen jetën brenda teje?

ZONJUSHA
Mirë-mirë, por a ke një krehër?

POETI
(Shkon te tryeza e tualetit, i jep krehrin, vëzhgon vajzën ëmbël.) O Zot, sa e mrekullueshme dukesh!

ZONJUSHA
Mos... mjaft tani!

POETI
Të lutem, rri pak më gjatë; do marr diçka për darkë dhe...

ZONJUSHA
Por vajti shumë vonë...

POETI
Nuk është nëntë akoma.

ZONJUSHA
Të lutem! Duhet të nxitoj.

POETI
Kur do takohemi përsëri?

ZONJUSHA
Kur dëshiron të më shohësh prapë?

POETI
Nesër.

ZONJUSHA
Ç'ditë është nesër?

POETI
E shtunë.

ZONJUSHA
Oh, nesër s'mundem; duhet të shkoj me motrën e vogël te kujdestari i saj.

POETI
Pra, të dielën... hm... e diela... të dielën... Tani do të shpjegoj diçka. Unë nuk jam Bibic, por Bibic është miku im. Do të ta prezantoj shpejt. Të dielën luhet edhe pjesa e Biebitz; do të dërgoj biletat. Do të të shoqëroj në shtëpi pas shfaqjes dhe ti do më thuash nëse të pëlqeu shfaqja; po?

ZONJUSHA
Prapë kjo historia me Bibic. Nuk e marr vesh se çfarë është.

POETI
Nuk do të të njoh dot plotësisht, pa mësuar se çfarë ndjeve në atë shfaqe.

ZONJUSHA
Tani, jam gati.

POETI
Eja, e dashura ime! *(Largohen.)*

DIALOGU I TETË

POETI DHE AKTORJA

Një dhomë, në një bujtinë në provincë. Është një mbrëmje pranvere; mbi livadhet dhe kodrat shtrihet hëna; dritaret janë hapur. Heshtje e madhe. Poeti dhe aktorja hyjnë brenda; ndërsa ata hyjnë, shuhet drita që mban poeti në dorë.

POETI
Oh ...

AKTORJA
Ç'është?

POETI
Qiriu. Por s'ka ç'na duhet drita. E sheh sa dritë ka. Mrekulli!

AKTORJA
(Papritmas ulet në gjunjë para dritares me duart bashkuar.)

POETI
Çfarë ke?

AKTORJA
(Hesht.)

POETI
(Shkon drejt saj.) Çfarë po bën?

AKTORJA
(E revoltuar.) A nuk e sheh që po lutem?

POETI
Beson në Zot?

AKTORJA
Sigurisht, nuk jam budallaqe.

POETI
Ashtu, ë!

AKTORJA
Eja më mirë këtu dhe gjunjëzohu krah meje. Do të

të bëjë mirë të lutesh një herë. Nuk të bie autoriteti, jo.

POETI
(Gjunjëzohet pranë saj dhe e përqafon.)

AKTORJA
I shthurur! *(Çohet)* A e di se kujt po i lutesha?

POETI
Zotit, mendoj.

AKTORJA
(Me sarkazëm.) Patjetër! Ty po të lutesha.

POETI
E përse pe jashtë dritares?

AKTORJA
Më thuaj më mirë, ku më ke sjellë, o mashtrues!

POETI
...por vogëlushe, kjo ishte ideja jote. Ti doje të shkoje në provincë dhe pikërisht këtu ku jemi.

AKTORJA
E sheh, a nuk kisha të drejtë?

POETI
Natyrisht; sa mrekullueshëm qenka këtu. Të mendosh, vetëm dy orë nga Vjena - vetmi e plotë. Dhe çfarë bukurie!

AKTORJA
Vërtet! Ndoshta do frymëzoheshe të thurje lloj-lloj poezish, nëse rastësisht do të kishe talent.

POETI
A ke qenë më parë këtu?

AKTORJA
A kam qenë këtu më parë? Ha! Këtu kam jetuar për vite!

POETI
Me kë?

AKTORJA
Epo, me Fritcin, natyrisht.

POETI
Ashtu, ë!

AKTORJA
Sa e adhuroja atë njeri!

POETI
Këtë ma ke treguar që më parë.

AKTORJA
Më fal! Mund edhe të iki prapë, nëse të mërzis!

POETI
Ti më mërzit? As që e merr me mend se ç'rëndësi ke për mua... Ti je bota vetë... Ti je hyjnia, ti je gjeniu... Ti je... Ti je në fakt thjeshtësia hyjnore... Po, ti... Por, të lutem, mos më fol për Fritcin tani.

AKTORJA
Epo, veç më shpëtoi goja, pra!

POETI
Më pëlqen që e pranon.

AKTORJA
Eja këtu, më jep një puthje!

POETI
(E puth.)

AKTORJA
Tani duhet t'i themi njëri-tjetrit natën e mirë! Natën e mirë, i dashur!

POETI
Ç'do të thuash me këtë?

AKTORJA
Që po shkoj të shtrihem e të fle!

POETI
Kjo mirë, por, për sa i përket të thënës "natën e mirë"... Po unë ku të fle?

AKTORJA
Sigurisht që ka plot dhoma në këtë shtëpi.

POETI
Por të tjerat nuk më tërheqin. Nuk mendon se do ish mirë të ndez një qiri tani?

AKTORJA
Po.

POETI
(Ndez një qiri që është mbi komodinën e natës.) Eh, ç'dhomë e bukur... dhe sa besimtarë duhet të jenë këta njerëz. Shenjtorë kudo... Do ish interesante të kaloje ca kohë mes këtyre njerëzve... një botë tjetër. Ne, në fakt, dimë kaq pak për jetën e të tjerëve!

AKTORJA
Mos fol marrëzira dhe më jep pak çantën mbi tryezë.

POETI
Urdhëro, e vetmja ime!

AKTORJA
(Merr një foto të vogël të kornizuar nga çanta dhe e vendos atë mbi komodinën e natës.)

POETI
Ç'është kjo?

AKTORJA
Kjo është Shën Mëria.

POETI
E ke gjithmonë me vete?

AKTORJA
Ky është talismani im. Tani shko, Robert!

POETI
Shaka janë këto? S'të duhet ndihma ime?

AKTORJA
Jo, duhet të ikësh tani.

POETI
Dhe, kur mund të kthehem?

AKTORJA
Për dhjetë minuta.

POETI
(E puth.) Mirupafshim!

AKTORJA
Ku do shkosh?

POETI
Do eci poshtë e lart para dritares tënde. Më pëlqen shumë të shëtis në ajër të pastër netëve. Kështu më vjen frymëzimi. Dhe sidomos në praninë tënde, i puhitur nga fryma e malli për ty... mbështjellë me artin tënd.

AKTORJA
Ti flet si idiot...

POETI
(I lënduar.) Ka gra, që ndoshta mund të thoshin... si poet.

AKTORJA
Mirë, por ik tani. Por ama mos flirto me kamerieren...

POETI
(Largohet.)

AKTORJA
(Zhvishet. Dëgjon se si poeti zbret shkallët prej druri dhe më pas hapat e tij nën dritare. Sapo zhvishet, shkon në dritare, shikon poshtë ku qëndron poeti. E thërret me pëshpëritje.) Eja!

POETI
(Nxiton të kthehet në dhomë dhe vrapon drejt saj, që ndërkohë është shtrirë në shtrat dhe ka fikur qiriun. Poeti kyç derën.)

AKTORJA
Tani mund të ulesh afër meje dhe të më rrëfesh diçka.

POETI
(Ulet afër saj në shtrat.) A ta mbyll dritaren? Nuk ke ftohtë?

AKTORJA

O jo!

POETI

Çfarë do të të rrëfej?

AKTORJA

Atëherë, kujt i je i pabesë në këtë çast?

POETI

Fatkeqësisht, ende s'jam.

AKTORJA

Sa për ngushëllim, edhe unë po tradhtoj dikë.

POETI

E marr me mend.

AKTORJA

Cili mendon se është?

POETI

Eh, vogëlushe, as që e kam idenë se kush.

AKTORJA

Përpiqu, gjeje.

POETI

Prit... drejtorin?

AKTORJA

I dashur, nuk jam një copë koriste!

POETI

Epo, është thjesht hamendësim.

AKTORJA

Përpiqu edhe një herë.

POETI

Atëherë... po tradhton aktorin kryesor... Benon...

AKTORJA

Ha-ha-ha! Ai nuk do t'ia dijë për femrat... nuk e dije këtë? Ka një marrëdhënie me postierin!

POETI

Vërtet!?

AKTORJA
Tani, më jep një puthje!

POETI
(E përqafon.)

AKTORJA
Ç'po bën?

POETI
Oh, mos më torturo!

AKTORJA
Dëgjo, Robert, do të të bëj një propozim. Eja, shtrihu në shtrat me mua.

POETI
Dakord!

AKTORJA
Eja shpejt, shpejt!

POETI
Po... po të ishte për mua, do kisha qenë aty shumë kohë më parë... Dëgjo...

AKTORJA
Çfarë?

POETI
Jashtë zukasin gjinkallat.

AKTORJA
Je i çmendur, vogëlushi im, këtu s'ka gjinkalla.

POETI
Si? A nuk i dëgjon edhe ti?

AKTORJA
Nxito tani! Më në fund...

POETI
(Pranë saj.) Këtu jam.

AKTORJA
Tani rri shtrirë e mos lëviz... Sht... Mos lëviz...

POETI
Mirë, po pse?

AKTORJA
Ti duket se dëshiron të kesh një marrëdhënie me mua?

POETI
Mendoj se kjo është ashiqare tani.

AKTORJA
Epo, ka plot që e duan një gjë të tillë...

POETI
Por nuk mund të vihet në dyshim se në këtë moment unë jam ai, që ka shanset më të mira.

AKTORJA
Atëherë, eja gjinkalla ime! Tani e tutje do të të quaj gjinkallë.

POETI
Bukur...

AKTORJA
Atëherë, kë po tradhtoj?

POETI
Kë?... Ndoshta mua...

AKTORJA
Vogëlushi im, të është zbutur truri më duket.

POETI
Ose një... një që nuk e ke parë kurrë... një që nuk e njeh, një... që është paracaktuar për ty, por që s'mund ta gjesh kurrë...

AKTORJA
Të lutem, mos fol kaq marrëzira përrallore.

POETI
...A nuk është e çuditshme... edhe ti... dikush mund të besojë se... Por jo, do të të grabisje më të mirën nëse dikush donte të... jo, jo... jo...

AKTORJA
Kjo ishte më e bukur se të luash në pjesë teatrale

qesharake... apo jo?

POETI
Mendoj se është mirë kur ti luan në ndonjë pjesë inteligjente.

AKTORJA
Mor qenush mburravec; patjetër po mendon për ndonjë nga pjesët e tua?

POETI
Po!

AKTORJA
(Me seriozitet.) Është një pjesë e mrekullueshme!

POETI
Atëherë...

AKTORJA
Je një gjeni i madh, Robert!

POETI
Me këtë rast mundesh të më thuash pse nuk erdhe pardje. Nuk kishe pse mungoje.

AKTORJA
Thjesht, doja të të mërzisja.

POETI
Po, pse? Ç'të kam bërë?

AKTORJA
Ishe vërtet arrogant.

POETI
Unë arrogant?

AKTORJA
Të gjithë në teatër mendojnë kështu.

POETI
Ashtu!?

AKTORJA
Por unë ama u thashë: ai burrë ka plotësisht të drejtë të jetë arrogant.

POETI
Dhe si u përgjigjën?

AKTORJA
E çfarë mund të më thoshin? Unë s'flas me askënd.

POETI
Ashtu, ë?

AKTORJA
Të ishte për ata, të gjithëve do t'u pëlqente të më helmonin. Por, s'do ja dalin dot.

POETI
Mos mendo tani për të tjerët. Më mirë gëzohu që jemi këtu dhe më thuaj që më do.

AKTORJA
Kërkon dëshmi të tjera?

POETI
...megjithëse është një gjë që nuk mund të vërtetohet kurrë!

AKTORJA
Kjo më pëlqen! Çfarë do tjetër atëherë?

POETI
Sa ke dashur t'i bindësh në këtë mënyrë... të gjithë i ke dashur?

AKTORJA
O jo! Vetëm një kam dashur.

POETI
(E përqafon.) E imja...

AKTORJA
Fritcin.

POETI
Unë quhem Robert. Ç'mund të jem për ty, kur ti mendon për Fritcin tani?

AKTORJA
Ti je një tekë e imja.

POETI
Jam i kënaqur që e di.

AKTORJA
Më thuaj, nuk je krenar?

POETI
Pse duhet të jem krenar?

AKTORJA
Mendoj se ke arsye për të qenë i tillë.

POETI
Ah, për këtë?!

AKTORJA
Po, për këtë, gjinkalla ime e zbehtë! Më thuaj, si u bë me zukatjen? Po zukat akoma?

POETI
Pareshtur. Nuk e dëgjon?

AKTORJA
Sigurisht që e dëgjoj. Por këto janë bretkosa, vogëlushi im.

POETI
E ke gabim; bretkosat kuakin.

AKTORJA
Sigurisht që kuakin.

POETI
Por këto nuk janë kuakje, vogëlushja ime, janë zukatje.

AKTORJA
Ti je ndoshta gjëja më kokëfortë që kam hasur ndonjëherë. Më jep një puthje, bretkosa ime!

POETI
Të lutem, mos më quaj kështu. Kjo më mërzit.

AKTORJA
Epo, si të të quaj?

POETI
Kam emër: Robert.

AKTORJA
Ky është emër bajat...

POETI
Të lutem, pse nuk më thërret në emrin që kam?

AKTORJA
Atëherë, Robert, më jep një puthje... Ah! *(Ajo e puth.)* A je i kënaqur tani, bretkosi? Ha-ha-ha-ha!

POETI
Më lejon të ndez një cigare?

AKTORJA
Më jep edhe mua një. *(Ai merr kutinë e cigareve nga komodina e natës, nxjerr dy, i ndez të dyja, i jep një asaj.)* Me që ra fjala, s'më the asgjë për performancën time të djeshme.

POETI
Çfarë performance?

AKTORJA
E po...

POETI
Tani u kujtova! Nuk isha në teatër dje.

AKTORJA
Me siguri po bën shaka.

POETI
Aspak. Kur ti nuk erdhe pardje mendova se edhe dje nuk do e kishe marrë veten plotësisht, kështu vendosa të mos shkoja.

AKTORJA
Ke humbur diçka të mrekullueshme.

POETI
Ashtu?

AKTORJA
Ishte sensacionale! Njerëzit u zbehën nga përjetimi.

POETI
E pe vetë këtë?

AKTORJA
Beno tha: "Vogëlushe, luajte si perëndeshë".

POETI
Hm!... Dhe pardje ishe aq e sëmurë!

AKTORJA
Po, vërtet isha. Dhe e di pse? Nga malli për ty.

POETI
Pak më parë më the se doje të më mërzisje, ndaj ndenje larg.

AKTORJA
Eh, çfarë di ti për dashurinë time për ty. Ty kjo s'të bën ndonjë përshtypje, por kam qenë në ethe për net me radhë. Dyzet gradë!

POETI
Pak si e lartë për një tekë.

AKTORJA
Tekë e quan këtë? Po vdes nga dashuria për ty dhe ti e quan tekë?!

POETI
Dhe Fritcin...?

AKTORJA
Fritci?... Mos më fol për atë skllavin e anijes!

DIALOGU I NËNTË

AKTORJA DHE KONTI

Dhoma e gjumit e aktores. E mobiluar me luks. Është dymbëdhjetë e mesditës; grila errësuese e brendshme e dritares është ende e ulur; mbi komodinën e natës flakëron një qiri, aktorja është ende e shtrirë në shtratin e saj me tendë. Mbi mbulesën e krevatit gjenden shpërndarë gazeta të shumta.

Konti hyn me uniformën e një kalorësi të armatosur lehtë. Ndalon te dera.

AKTORJA
Ah, zoti kont.

KONTI
Mamaja juaj më lejoi, përndryshe s'do të isha...

AKTORJA
Ju lutem, uluni.

KONTI
Ju puth dorën. Ndjesë... kur hyn nga rrugët këtu... errësira... s'po shoh dot gjë prej gjëje. Atëherë... ja këtu... *(te shtrati)* Ju puth dorën!

AKTORJA
Uluni, zoti kont.

KONTI
Mamaja juaj më tha: "Zonjusha ndihet pa qejf... Shpresojmë të mos jetë diçka serioze".

AKTORJA
Asgjë serioze? Isha afër vdekjes!

KONTI
Për hir të Zotit, si është e mundur?

AKTORJA
Gjithsesi, më gëzon fakti që mundoheni të më vizitoni.

KONTI
Në prag të vdekjes! Ju mbrëmë luajtët si perëndeshë.

AKTORJA
Ishte vërtet një triumf i madh.

KONTI
Madhështor!... Njerëzit mbetën të gjithë të magjepsur. Sa për mua, as që dua ta përmend.

AKTORJA
Ju falënderoj për lulet e bukura!

KONTI
Ju lutem, zonjushë!

AKTORJA
(Tregon me sy drejt një shporte të madhe me lule, mbi një tavolinthë të vogël pranë dritares.) Ja ku janë.

KONTI
Ju dje, në kuptimin e vërtetë të fjalës, u mbuluat me lule dhe kurora.

AKTORJA
Ato ndodhen ende në gardërobën time. Vetëm shportën tuaj solla në shtëpi.

KONTI
(I puth dorën.) Një gjest i ëmbël prej jush.

AKTORJA
(Papritmas ia merr dorën dhe ia puth.)

KONTI
Por... zonjushë.

AKTORJA
Mos u frikësoni, zoti kont, kjo s'ju detyron për asgjë.

KONTI
Ju jeni një krijesë e mahnitshme... mund të thuhet thuajse enigmatike. *(Heshtje.)*

AKTORJA
Mendoj se zonjusha Birken është një problem më i

lehtë për t'u zgjidhur.

KONTI
Po, e vogla Birken s'është problem, edhe pse... e njoh veç kalimthi.

AKTORJA
Oh!

KONTI
Besoni. Por ama ju jeni një problem dhe unë kam pasur përherë dëshira për probleme. Ka qenë e gjitha një humbje e madhe për mua që nuk ju pashë të luanit më parë.

AKTORJA
Vërtet?

KONTI
Po. Shkuarja në teatër, zonjushë, është e komplikuar për mua. Jam mësuar të ha darkë vonë... kështu që kur arrin atje, një pjesë e mirë ka mbaruar. Apo s'është kështu?

AKTORJA
Atëherë që tani e tutje do të hani më herët.

KONTI
Po, edhe këtë e kam menduar. Ose mos të ha fare. Nuk është vërtet ndonjë kënaqësi ngrënia, jo.

AKTORJA
Çfarë kënaqësie tjetër ka një plakush si ju?

KONTI
Për këtë e pyes veten shpesh! Por ama plak nuk jam ende. Duhet të ketë një arsye tjetër.

AKTORJA
Besoni?

KONTI
Po. Lulu,[22] për shembull, thotë se jam filozof. E dini, zonjushë, ai mendon se unë zhytem thellë në men-

---

22. *Emri është në fakt Loulou: rrjedh nga frëngjishtja dhe është formë përkëdhelëse e emrit Louis ose Louise. Përdoret edhe në kuptimin: shpirt, zemërushe.*

dime.

AKTORJA
Po... të menduarit, kjo është fatkeqësi.

KONTI
Kam shumë kohë, prandaj dhe mendoj thellë. Ju lutem, zonjushë, shihni, mendova, nëse më transferojnë në Vjenë, do të jetë më mirë. Këtu ka argëtim, gjallëri. Por në thelb nuk është ndryshe nga atje lart.

AKTORJA
Ku është "atje lart"?

KONTI
Atje poshtë, e dini, zonjushë, në Hungari, në atë humbëtirë, ku unë kam qenë zakonisht me shërbim.

AKTORJA
Çfarë keni bërë në Hungari?

KONTI
Siç jua përmenda, zonjushë, shërbim.

AKTORJA
Po pse qëndruat kaq gjatë në Hungari?

KONTI
Gjërat ndodhën si ndodhën...

AKTORJA
Ama duhet të jetë diçka që të bën të çmendesh.

KONTI
Përse? Preokupime, në fakt, ka më shumë këtu sesa atje. E dini, zonjushë, stërvitje rekrutësh, kalërim me Remonte[23]... e kështu që s'mbetet kohë për shëtitje, siç thuhet. Realisht është vërtet diçka e bukur, rrafshnalta; dhe një perëndim i tillë dielli... është për të ardhur keq që s'jam piktor. Ndonjëherë mendoj me vete: sikur të isha piktor, do ta pikturoja. E kishim një në regjiment, një farë Splani të ri.

---

23. *Remonte: rrjedh nga frëngjishtja dhe përdoret për kuajt të rinj të ushtrisë; është një term i përdorur në stërvitjen klasike të kalërimit.*

Dinte të pikturonte... Eh, ç'historira të mërzitshme po ju rrëfej, zonjushë.

AKTORJA
Oh ju lutem, po kënaqem shumë.

KONTI
A e dini, zonjushë? Gjëja më e bukur me ju është që mund të bisedohet këndshëm, e dija këtë nga Lulu dhe kjo është diçka që gjendet rrallë.

AKTORJA
Natyrisht, atje poshtë në Hungari, apo jo?

KONTI
Kështu është dhe në Vjenë! Njerëzit janë të njëjtë kudo; ku ka më shumë, është dhe rrëmuja më e madhe, veç ky është ndryshimi. Më thoni, zonjushë, ju pëlqejnë vërtet njerëzit?

AKTORJA
A më pëlqejnë? I urrej! S'shoh dot me sy askënd dhe as që shoh kurrë ndonjë. Jam gjithmonë vetëm; në këtë shtëpi nuk hyn askush.

KONTI
E shihni, e mora me mend, që i urreni njerëzit. Në art duhet të ndodhë shpesh kjo. Kur jeton në zonat e larta... të paktën jeni me fat që e dini pse jetoni!

AKTORJA
Kush jua tha këtë? As që e kam idenë se përse jetoj!

KONTI
Vërtet zonjushë? Të jeni e famshme... e kërkuar...

AKTORJA
Është kjo lumturia?

KONTI
Lumturia? Ju lutem, zonjushë, lumturia nuk ekziston. E pikërisht ato gjëra, mbi të cilat flitet më gjerësisht, nuk ekzistojnë... për shembull, dashuria. Edhe ajo nuk ekziston.

AKTORJA

Këtu keni të drejtë.

KONTI

Kënaqësia... dehja... edhe mundet, askush nuk i mohon... sepse vërtet ekzistojnë. Tani, kur kënaqem... e di se po kënaqem. Ose kur jam i dehur, prapë bukur. Edhe kjo është e sigurt që ekziston. Dhe kur gjithçka merr fund, thjesht merr fund.

AKTORJA

(Madhërisht.) ...merr fund!

KONTI

Por kur dikush nuk jepet, si mund ta them më mirë, sapo të mos i dorëzohet momentit... domethënë kur dikush mendon për të ardhmen apo të shkuarën... gjithçka mbaron në një çast, në çast. Më vonë... ka trishtim... më herët ka mëdyshje... me një fjalë... mund të humbësh fillin, të hutohesh. A nuk kam të drejtë?

AKTORJA

(Pohon me sy të zgurdulluar.) Siç duket e keni gjetur kuptimin e gjithçkaje.

KONTI

E shihni, zonjushë, sapo qartësohesh për këtë çështje, s'ka rëndësi nëse jeton në Vjenë apo në Pusßta[24] apo në Steinamanger[25]. Për shembull... ku mund ta lë pak kapelën? Ah po, faleminderit... ku e kishim fjalën?

AKTORJA

Për Steinamanger.

KONTI

Korrekt. Atëherë, siç thashë, ndryshimi nuk është aq i madh. Nëse në mbrëmje ulem në kazino apo në klub, është e njëjta gjë.

---

24. Hungarisht Puszta: krahinë me livadhe të gjëra në Hungari.
25. Qytet provincial hungarez, shtrihet në perëndim të Austrisë, jo shumë larg Vjenës.

AKTORJA
Po për dashurinë, ç'mund të thuhet?

KONTI
Nëse beson në të, gjithnjë do gjendet dikush që do të të dëshirojë.

AKTORJA
Si për shembull, zonjusha Birken?

KONTI
Nuk e kuptoj, zonjushë, pse e sillni gjithnjë bisedën tek ajo zonjë e vogël?

AKTORJA
Është dashnorja juaj, apo jo?

KONTI
Kush e thotë këtë?

AKTORJA
Të gjithë e dinë.

KONTI
Përveç meje, për çudi.

AKTORJA
A nuk luftuat në një duel për shkak të saj?

KONTI
Ndoshta... edhe më vranë, por nuk e kam vënë re.

AKTORJA
Zoti kont, ju jeni një zotëri i vërtetë; pse nuk uleni më afër meje?

KONTI
Me kënaqësi.

AKTORJA
Ja këtu! *(E tërheq pranë vetes, i shkon me dorë nëpër flokë, me përkëdhelje.)* E dija që do të vinit sot!

KONTI
Si e dinit?

AKTORJA
E dija që dje në teatër.

KONTI
Më patë që nga skena?

AKTORJA
Zgjohuni, zotëri! A nuk e vutë re se luajta vetëm për ju?

KONTI
Jo! Si është e mundur?

AKTORJA
Fluturova kur ju pashë të ulur në radhën e parë!

KONTI
Fluturuat...? Për hir tim...? Nuk kisha as idenë më të vogël që më vutë re!

AKTORJA
Edukata juaj aristokratike është boll për të më bërë të ndihem e dëshpëruar.

KONTI
Por, zonjushë...

AKTORJA
"Por, zonjushë"... Të paktën hiqeni shpatën tani!

KONTI
Nëse më lejoni?! *(E heq dhe e mbështet në shtrat.)*

AKTORJA
...dhe më jepni një puthje, më në fund.

KONTI
(E puth, ajo e mban fort.)

AKTORJA
Do kish qenë më mirë të mos ju kisha parë kurrë!

KONTI
Mua më duket më mirë kështu.

AKTORJA
Zoti kont, ju jeni një pozues i vërtetë!

KONTI

Unë? Pse e thoni?

AKTORJA

Sa i lumtur, mendoni, do ishte gjithkush në vendin tuaj?

KONTI

Po. Ndihem vërtet i lumtur.

AKTORJA

Mendova se lumturia nuk ekziston. Pse më shihni ashtu? Besoj se keni frikë nga unë, zoti kont!

KONTI

Jua thashë zonjushë, ju jeni një problem.

AKTORJA

Oh, më lini në paqe me filozofinë tuaj... ejani tek unë. Dhe tani mund të kërkoni ç'të doni... mund të keni gjithçka që dëshironi... Jeni kaq tërheqës.

KONTI

Atëherë, mund të kërkoj lejen tuaj, *(duke i puthur dorën)* që të rikthehem te ju sot në mbrëmje.

AKTORJA

Sot... por sonte jam prapë në skenë.

KONTI

Pas shfaqjes.

AKTORJA

Dhe nuk doni asgjë tjetër?

KONTI

Për të tjerat do lutem pas teatrit.

AKTORJA

(E fyer.) Mund të luteni sa të doni atëherë, ju i mjeri pozues.

KONTI

Mirë, por... kemi qenë kaq të sinqertë me njëri-tjetrin deri tani... mendoj se do ishte shumë më bukur në mbrëmje pas teatrit... më rehatshëm se tani, ku... se pse kam një ndjesi sikur nga çasti në çast do hapet dera...

AKTORJA
Nuk hapet nga jashtë.

KONTI
Zonjushë, mendoj se s'është mirë ta prishësh me mendjelehtësi para kohe diçka që ndoshta mund të jetë shumë e bukur.

AKTORJA
Ndoshta!...

KONTI
Të them të vërtetën, dashuria në mëngjes më duket diçka e tmerrshme...

AKTORJA
Atëherë, jeni me të vërtetë krijesa më e marrë që kam njohur!

KONTI
S'po flas për femrat në përgjithësi... në fund të fundit, përgjithësisht kjo s'ka fare rëndësi. Por gratë si ju... jo, mund të më quani njëqind herë të marrë. Por gratë si ju... nuk shijohen para mëngjesit. Kështu... e dini... kështu...

AKTORJA
O Zot, sa i ëmbël që jeni!

KONTI
E kuptoni atë që thashë, apo jo? E përfytyroj sikur...

AKTORJA
Më thoni, si e përfytyroni?

KONTI
Ja kështu... ju pres në karrocë pas shfaqjes. Pastaj shkojmë së bashku për darkë, diku...

AKTORJA
Nuk jam zonjusha Birken unë!

KONTI
Nuk e thashë një gjë të tillë. Thjesht mendoj se çdo gjë vjen me atmosferën e duhur. Në rastin tim nuk

jam kurrë në qejf para darke. Më e mrekullueshmja është kur pas darkës udhëtojmë së bashku për në shtëpi, atëherë...

AKTORJA
Atëherë, çfarë?

KONTI
Atëherë... varet nga rrjedha e mbrëmjes...

AKTORJA
Ejani, uluni këtu afër. Më afër.

KONTI
(Ulet në shtrat.) Më duket se nga jastëkët kundërmon diçka si... minionetë, apo jo?

AKTORJA
A nuk mendoni se është shumë vapë këtu?

KONTI
(Përkulet dhe i puth qafën.)

AKTORJA
Oh, zoti Konti, po kjo është kundër programit tuaj.

KONTI
Kush foli për programe? Unë s'kam ndonjë program.

AKTORJA
(E tërheq pranë vetes.)

KONTI
Është vërtet nxehtë.

AKTORJA
Vërtet? Dhe kaq errësirë, si t'ishte mbrëmje... *(E tërheq ngjitur vetes.)* Është mbrëmje... është natë... Mbyllini sytë, po qe shumë dritë për ju. Ejani...! Ejani...!

KONTI
(Nuk kundërshton më.)

AKTORJA
Si të duket atmosfera tani, pozues?

KONTI
Ti je një djall i vogël.

AKTORJA
Ç'është kjo që më thua?

KONTI
Mirë atëherë, një engjëll i vogël.

AKTORJA
Duhet të ishe bërë aktor! Vërtet! Ti i njeh mirë gratë! E di se ç'do bëj tani?

KONTI
Çfarë?

AKTORJA
Do të të them se nuk dua të të shoh më kurrë.

KONTI
E përse?

AKTORJA
Kurrë më! Je shumë i rrezikshëm për mua! Ti e bën femrën të çmendet. Tani, qëndron këtu para meje, sikur të mos kishte ndodhur asgjë.

KONTI
Por...

AKTORJA
Mos harro, zoti kont, sapo ju dhashë gjithçka.

KONTI
S'do ta harroj kurrë!

AKTORJA
Po për sonte mbrëma, si do bëjmë?

KONTI
Në ç'kuptim?

AKTORJA
Pra, doje të më prisje pas shfaqjes së teatrit...?

KONTI
Ah po, le të themi, për shembull, pasnesër.

AKTORJA
Ç'do të thotë kjo, pasnesër? Ishte fjala për sot.

KONTI
Sot s'do kishte shumë kuptim.

AKTORJA
Eh, plakush!

KONTI
Nuk po më kupton. Dua të them se ka të bëjë, më shumë se me gjithçka tjetër, me shpirtin.

AKTORJA
E ç'më intereson shpirti yt?

KONTI
Më beso, ka shumë rëndësi. Jam i mendimit se është e gabuar kjo mënyrë e jotja e ndarjes...

AKTORJA
Më lër në paqe me filozofinë tënde. Nëse dua diçka të tillë, e lexoj në libra.

KONTI
Nga librat s'mësohet kurrë.

AKTORJA
Kjo është e vërtetë! Prandaj duhet të më presësh sot në mbrëmje. Për sa i përket shpirtit, do biem në një mendje... ti maskara!

KONTI
Mirë, nëse më lejon, do pres në karrocën time...

AKTORJA
Jo, do presësh këtu në shtëpinë time...

KONTI
...pas shfaqjes.

AKTORJA
Natyrisht.

(Konti rivendos shpatën.)

AKTORJA

Ç'po bën?

KONTI

Mendoj se është koha të largohem. Si për një vizitë joformale më duket se ndenja paksa gjatë.

AKTORJA

Atëherë, sonte në mbrëmje le të jetë vizitë formale.

KONTI

Ashtu?

AKTORJA

Ma lër mua të kujdesem për këtë. Dhe tani më jep edhe një puthje, ti filozofi im i vogël. Pra, o joshës... o i ëmbli vogëlush... o tregtar shpirtrash, o panterë. *(Pasi e puth fort disa herë, e largon me forcë.)* Zoti kont, ishte një nder i madh për mua!

KONTI

Ju puth dorën, zonjushë! *(Te dera.)* Mirupafshim.

AKTORJA

Tungjatjeta dhe të fala Steinamangerit!

DIALOGU I DHJETË

KONTI DHE LAVIRJA

Mëngjes, rreth orës gjashtë. Një dhomë e varfër, me një dritare me grilla të verdha, të pista, ulur. Perde të mbyllura me ngjyrë të gjelbër. Një komodinë, mbi të cilën ndodhen disa fotografi dhe një kapele zonje pa shije, e lirë, që të vret sytë. Pas pasqyrës, erashkë e lirë japoneze. Mbi tryezën e mbuluar me një mbulesë të kuqërremtë është një llambë vajguri, që digjet zbehtë. Një abazhur prej letre të verdhë, pranë tij një krikëll, me pak birrë dhe një gotë gjysmë e zbrazët. Mbi dyshemenë pranë shtratit gjenden çrregullisht rroba grash, sikur sapo të ishin hedhur. Në shtrat fle shtrirë lavirja; merr frymë qetë. Në divan, krejtësisht i veshur, është shtrirë konti, me një pardesy prej cohe; kapela gjendet mbi dysheme në krye të divanit.

KONTI
(Lëviz, fërkon sytë, ngrihet me vërtik, qëndron ulur, vëzhgon përreth.) Ku jam... Ah... Paskam ardhur në shtëpi me atë gruan... *(Ngrihet shpejt, shikon shtratin e saj.)* Qenka aty shtrirë... E çuditshme që kjo mund t'i ndodhi njeriut edhe në moshën time. S'e kam idenë, më sollën në krahë deri këtu lart? Jo... e mbaj mend kur hyra në dhomë... po... pra isha akoma zgjuar apo sapo u zgjova... ose... ose ndoshta është vetëm se dhoma më kujton diçka?... Për shpirt, epo ç't'i bësh... e pashë dje... *(Sheh orën)* Çfarë, dje? As dy orë më parë! E dija se diçka do të ndodhte... e ndjeva... sa fillova të pija dje, e ndjeva se... Dhe, çfarë ndodhi?... Asgjë... Apo diçka...? Për shpirt... për dhjetë vjet nuk më ka ndodhur kjo, që s'di... të them të vërtetën, me pak fjalë, isha i dehur. Sikur ta dija që kur... E mbaj mend saktësisht se si hyra në bordello me Lulunë dhe... jo, jo... por u

larguam nga *Sacher*[26]... dhe pastaj udhës ndodhi... po, saktësisht, kam udhëtuar me karrocën time me Lulunë... Pse po e vras mendjen kaq shumë? S'ka rëndësi. Të shohim se si të ikim që këtu. *(Ngrihet në këmbë. Llamba po dridhet.)* Oh! *(Sheh gruan që fle.)* Kjo paska gjumin e shëndetshëm. Nuk më kujtohet asgjë, por do lë paratë mbi komodinën e natës... dhe "tungjatjeta"... *(Ndalon para saj; e vëzhgon për një kohë të gjatë)* Ah, sikur mos ta dija se kush është! *(E vëzhgon mirë.)* Kam njohur shumë nga ato, që as në gjumë nuk dukeshin kaq të virtytshme. Për shpirt... Lulu do të thoshte sërish se po filozofoj; por është e vërtetë se gjumi i bën njerëzit të duken të barabartë... njësoj si motra, Vdekja... Hëm, vetëm dua të di nëse... Jo, duhej të më kujtohej kjo... Jo, jo, rashë në divan, pikërisht atje dhe asgjë nuk ndodhi më pas... Është e pabesueshme se si femrat i ngjajnë njëra-tjetrës... Ikim. *(Matet të shkojë.)* Prit! *(Merr portofolin dhe është gati të nxjerrë një kartëmonedhë.)*

LAVIRJA
(Zgjohet.) ...kush është këtu që në pikë të mëngjesit? *(E njeh.)* Mirëmëngjesi, bukurosh!

KONTI
Mirëmëngjesi! A fjete mirë?

LAVIRJA
(Shtrihet.) Ah, eja këtu. Më jep një puthje të vogël.

KONTI
(Përkulet mbi të, mbledh veten, largohet sërish.) Sa po ikja...

LAVIRJA
Po largohesh?

KONTI
Erdhi koha.

LAVIRJA
Vërtet dëshiron të ikësh?

---
26. *Një hotel fisnik, shumë i njohur në Vjenë asokohe.*

KONTI

(I hutuar.) Por...

LAVIRJA

Epo mirë, mirë u pafshim. Besoj se do vish herë tjetër.

KONTI

Po, mirë u pafshim! Nuk do ma japësh dorën?

LAVIRJA

(Zgjat dorën nga poshtë batanijes.)

KONTI

(Ia merr dorën dhe e puth mekanikisht, e vëren, qesh.) Tamam si princeshë. Përveç se, thjesht...

LAVIRJA

Ç'më shikon ashtu?

KONTI

Nëse sheh vetëm kokën, si tani... kur zgjohesh, çdokush duket i pafajshëm... për shpirt, mund të imagjinosh gjithçka, po të mos qelbte era e vajgurit...

LAVIRJA

Po, llambat janë përherë një stërmundim.

KONTI

Sa vjeç je në të vërtetë?

LAVIRJA

Sa mendoni ti?

KONTI

Njëzet e katër.

LAVIRJA

Po, natyrisht.

KONTI

Më e madhe?

LAVIRJA

Akoma s'kam bërë njëzet.

KONTI

Dhe, sa kohë ke që...

LAVIRJA
Te kjo punë kam një vit!

KONTI
Paske filluar herët.

LAVIRJA
Më mirë herët sesa vonë.

KONTI
(Ulet në shtrat pranë saj.) Më thuaj, a je vërtet e lumtur?

LAVIRJA
Çfarë?

KONTI
Atëherë, dua të them, a të shkon mirë jeta?

LAVIRJA
Oh, unë jam përherë mirë.

KONTI
Më thuaj... të ka shkuar ndonjëherë në mendje se mund të bësh diçka tjetër?

LAVIRJA
E ç'të bëj tjetër?

KONTI
Si për shembull... Je me të vërtetë vajzë e bukur. Mund të gjesh një të dashur...

LAVIRJA
Mendon se s'kam?

KONTI
Atë e di... por, dua të them, dikë... dikë që mund të kujdeset për ty, që të mos kesh nevojë të shkosh me gjithkënd.

LAVIRJA
Unë... nuk shkoj me gjithkënd. Falë Zotit, s'e kam të nevojshme. Unë zgjedh ata që dua.

KONTI
(Shikon nëpër dhomë.)

LAVIRJA
(E vëren.) Muajin tjetër do të zhvendosemi në qytet, në *Spiegelgasse*²⁷.

KONTI
Ju? Kush ju?

LAVIRJA
Madama dhe disa vajza të tjera, që banojnë ende këtu.

KONTI
Ka dhe të tjera?

LAVIRJA
Këtu pranë, në dhomën tjetër... nuk e dëgjon? Është Milli; edhe ajo ishte në kafene.

KONTI
Dikush po gërhet atje.

LAVIRJA
Është Milli pra; gërhet gjithë ditën, deri në dhjetë të natës. Pastaj zgjohet dhe shkon në kafene.

KONTI
Kjo është një jetë e tmerrshme.

LAVIRJA
Natyrisht. E mërzit Madamën shumë. Unë jam në rrugë që në dymbëdhjetë.

KONTI
Ç'bën nëpër rrugë në mesditë?

LAVIRJA
E çfarë të bëj tjetër? Dal punoj.

KONTI
Ah, po... natyrisht... *(Ngrihet, nxirr portofolin, i vendos një kartëmonedhë mbi komodinën e natës.)* Mirë u pafshim!

LAVIRJA
Po ikën... Mirë u pafshim... Eja prapë. *(Kthehet anash.)*

---
27. *Rrugë në rajonin e parë fisnik të Vjenës.*

KONTI

(Qëndron përsëri në këmbë.) Më thuaj, gjithçka e merr me indiferencë ti?

LAVIRJA

Çfarë?

KONTI

Dua të them, s'të jep më kënaqësi asgjë?!

LAVIRJA

(I hapet goja.) Oh, sa më flihet!

KONTI

Për ty është njësoj, nëse dikush është i ri, apo plak, apo...?

LAVIRJA

Pse më pyet?

KONTI

Atëherë, *(papritmas i vjen ndërmend diçka)* për shpirt, tani e di se kë më kujton...

LAVIRJA

I ngjasoj dikujt tjetër?

KONTI

E pabesueshme! Vërtet e pabesueshme! Tani, të lutem mos fol, të paktën për një minutë... *(e vështron)* të njëjtat tipare... e njëjta fytyrë. (Papritmas i puth sytë.)

LAVIRJA

Çfarë...?

KONTI

Për atë shpirt, është për të ardhur keq që ti... s'je ndryshe... Mund të gjeje fatin tënd të mirë!

LAVIRJA

Ti je njësoj si Franzi.

KONTI

Kush është Franzi?

LAVIRJA
Kamerieri i kafenesë sonë...

KONTI
Përse jam si Franzi?

LAVIRJA
Ai thotë përherë se unë mund të gjej fatin tim dhe të martohem me të.

KONTI
Përse nuk e bën?

LAVIRJA
Jo, faleminderit... s'dua të martohem, jo, në asnjë mënyrë... Ndoshta më vonë.

KONTI
Sytë... po ata sy... Lulu me siguri do thoshte që jam i marrë... por dua t'i puth edhe njëherë sytë... kështu... dhe tani, mirupafshim, po largohem.

LAVIRJA
Mirupafshim...

KONTI
(Te dera.) Më thuaj, nuk je pak e habitur...?

LAVIRJA
Për çfarë?

KONTI
Që s'kërkoj asgjë prej teje.

LAVIRJA
Ka shumë burra, që kaq herët nuk janë në qejf.

KONTI
E po... *(me vete)* Sa budallallëk... dhe pres të habitet! Mirupafshim! *(afër derës)* Vërtet, ndihem i zhgënjyer. E di më së miri se femrave të tilla vetëm paraja u intereson... ç'them... të tilla... sa mirë që të paktën nuk shtiret. Kjo duhet të më gëzojë... *(Me zë të lartë.)* Do të vij prapë së shpejti.

LAVIRJA
(Me sy të mbyllur.) Mirë.

KONTI
Kur je zakonisht në shtëpi?

LAVIRJA
Përherë në shtëpi jam. Mjafton të pyesësh për Leokadian.

KONTI
Leokadia... Bukur! Atëherë, mirupafshim. *(Te dera)* Akoma e kam kokën e rëndë nga vera. Kjo është e jashtëzakonshme... Jam me një grua të tillë dhe nuk kam bërë ende asgjë, veçse i putha sytë, sepse më kujtoi dikë... *(I drejtohet përsëri.)* Leokadia, të ndodh shpesh të largohet dikush kështu prej teje?

LAVIRJA
Si kështu?

KONTI
Kështu si unë?

LAVIRJA
Kaq herët në mëngjes?

KONTI
Jo... të ka ndodhur që dikush ka qenë këtë me ty dhe s'ka dashur asgjë prej teje?

LAVIRJA
Jo, kjo s'më ka ndodhur kurrë.

KONTI
Atëherë, ç'mendon? Beson se nuk më pëlqen?

LAVIRJA
E pse të mos të të pëlqej? Gjatë natën më pëlqeve si duhet.

KONTI
Edhe tani më pëlqen.

LAVIRJA
Por gjatë natës të pëlqeva më shumë.

KONTI
Pse mendon kështu?

LAVIRJA

Pyetje është kjo?

KONTI

Gjatë natës... më thuaj, a nuk rashë menjëherë në divan?

LAVIRJA

Po, natyrisht... bashkë me mua.

KONTI

Me ty?

LAVIRJA

Po, s'të kujtohet?

KONTI

Të dy...

LAVIRJA

Të zuri gjumi menjëherë.

KONTI

Menjëherë... Pra... kështu paska ndodhur!...

LAVIRJA

Po, bukurosh. Por duhet të kesh qenë aq i dehur që s'mban mend kurrgjë.

KONTI

Kështu... Megjithatë... ka një ngjashmëri të largët... Mirupafshim!... *(dëgjon)* Çfarë po ndodh?

LAVIRJA

U zgjua shërbëtorja. Jepi diçka kur të largohesh. Porta është e hapur, kështu që kujdestarit nuk do i japësh gjë.

KONTI

(Në paradhomë.) Sa mirë do të kish qenë sikur t'i kisha puthur veç sytë. Kjo do të ishte pothuajse një aventurë... Por s'qe e thënë për mua. *(Shërbëtorja hap derën.)* Ah, po, ja dhe për ju... Natën e mirë!

SHËRBËTORJA

Mirëmëngjesi!

KONTI
Po, natyrisht... mirëmëngjesi... mirëmëngjesi.

www.ingramcontent.com/pod-product-compliance
Lightning Source LLC
LaVergne TN
LVHW030344070526
838199LV00067B/6436